KB140530

다산에게
인생을
배우다

전도근 지음

우리는 지금 지식이 지배하던 정보화 시대에서 창조성이 지배하는 꿈의 혁명 시대로 접어들고 있다. 때때로 세상의 거침없는 변화는 사람들에게 인생의 중요한 결정을 하도록 하는 갈림길에 맞닥뜨리게 한다. 사람들은 인생의 중요한 갈림길에 서게 되면 지나간 시간을 돌아보게 되고, 자신이 가지고 있는 배경 지식을 바탕으로 추세를 발견하여 어떤 길을 선택할 것인가를 결정하게 된다.

인류 역사의 발전을 먼 안목에서 보면 수많은 갈림길로 이루어져 있다. 그 갈림길에는 누군가가 새로운 길을 제시하고 우리를 이끌었기에 오늘날의 발전이 생긴 것이다. 이처럼 시대를 고뇌하고 미래를 꿈꾼 사람들을 우리는 역사의 주인공이라고 부른다. 이 주인공들 중 우리는 유별난 주인공을 만날 수 있다. 그가 바로 다산 정약용이다. 다산은 한마디로 표현하기 어려운 사람이었고, 그의 삶 또한 평범한 삶이 아니었다.

평범한 양반 집안에서 태어난 다산은 18세기 조선 실학을 대표하는 인물이 되었다. 사람들은 태어나서 한 가지도 제대로 완성하지 못하고 사는데 다산은 살면서 많은 분야의 일을 실천해 내었다. 원래는 성리학을 공부하는 유학자이었지만 그는 유학자로 멈추지 않고 경학자, 예학자, 행정가, 교육학자, 사학자, 인문학자, 토목공학자, 기계공학자, 실학자, 지리학자, 의학자, 법학자, 문예비평가의 역할을 수행하였다.

이처럼 다양한 역할을 수행한 다산 정약용은 우리 역사의 문턱에 서서 시대를 고뇌한 대표적인 지식인이었다. 그는 조선이 세상의 극심한 변화의 조짐을 보이던 시절에 새로운 조선을 꿈꾸었으며, 현실적 좌절과 학문적 성취를 동시에 남겼다. 다산은 사회의 변화에 조선을 적응시키기 위하여 조선의 개혁을 꿈꾸었으나 현실은 너무 가혹하였다.

1783년 21세에 회시會試에 급제한 다산은 이듬해 경의진사經義進士가 되어 정조에게 《중용》을 진강하면서 정조의 총애를 한 몸에 받게 된다. 이때부터 그에게는 암행어사, 참의, 좌우부승지 등의 훤한 벼슬길이 열린다. 당시 조정은 노론과 남인이 서로 정적이 되어 서로를 견제하고 있었다. 이 시기에 다산은 천주교가 빌미가 되어 노론老論이 파놓은 함정에 걸려 남인의 대표로 피해를 입어야 했다.

정조의 극진한 총애를 받고 있던 다산은 정조의 죽음을 고비로 오히려 화를 입게 되었다. 정조의 죽음과 함께 시작된 다산의 유배는 수난과 고통의 길이 시작됨을 알렸다. 그러나 그는 수난과 고통을 순순히 받아들여서 학문적인 야심으로 승화시켰다.

그의 둘째 형 정약전은 흑산도로 귀양을 갔고, 셋째 형 정약종과 조카는 형장의 이슬로 사라졌고, 그는 18년간 유배지에서 살아야 했다. 하지만 다산은 유배된 후 수많은 걸작을 남겼다. 마치 그는 죽음을 앞둔 시한부처럼 언제 죽을지 모른다는 절박한 마음으로 자신이 현실적으로 이루고 싶었던 사회의 변화를 학문적으로 승화시켰다.

다산은 지식에 호기심이 많아 많은 공부를 하였다. 그는 주자학, 양명학, 북학, 서학 등의 해박한 지식을 바탕으로 세상의 흐름을 읽었다. 이미 근대화의 길로 도도히 흐르는 변화의 물결을 알게 되었다. 다산은 이미 서구의 근대화 물결이 동양을 식민지로 만들려는 야심으로 변질되었다는 것을 알았다. 그리고 지금까지 아는 지식이 중요한 게 아니라 실천하는 지식이 필요한 시대라는 것을 깨닫게 되었다.

다산은 바람 앞에 등불과 같은 조선의 미래를 걱정하며 일생에 걸쳐서 성리학의 조선을 개혁하는 일에 남은 생애를 바쳤다. 그가 본 조선의 현실은 모든 것을 바꾸지 않으면 안 되는 병든 사회였다. 그는 특히 관리들의 횡포와 부정, 그 속에서 삶에 대한 희망을 잃어가는 농민들의 굶주림에 대해 안타까워 했다. 이러한 현실 인식이 다산을 단순한 비판적인 사상가로서 머물게 하지 않고 개혁 사상가로 몰아갔다. 그리고 아는 것에 머무르지 않고 실천, 실용의 학문을 지향한 실학사상의 집대성자로 만들었다. 정약용은 현실에서는 이루지 못하는 절망을 학문으로 승화시키며 530여 권에 달하는 방대한 저술을 남겼다.

그의 저서는 오늘날까지 남아 많은 사람들의 삶의 지표가 되고 있으며, 시대를 뛰어넘는 선각자적인 혜안을 가지고 있음을 느끼게 한다. 지금 급격하게 변화하는 세상을 사는 우리는 다시 한번 중요한 결정을 해야 하는 갈림길에 서있다. 급변하는 시대에 먼저 능동적으로 변화를 준비할 것인지, 아니면 변화에 끌려가야 할지를 선택하게 하고 있다. 이럴 때 다산과 같은 인물이 필요하다. 다산이 살아 있다면 다산은 앞으로 급변하는 세상에서 살아남기 위해서는 무엇을 준비하고, 어떻게 살아야만 슬기로운 삶을 살 수 있는지를 알려줄 것이다.

이 책은 다산의 삶과 작품을 통해서 우리에게 시대의 변화에 대응하는 방법을 알려주는 책이다. 부디 독자 여러분들은 이 책을 통해서 다산의 깊은 인생을 공유하며 미래를 바로 볼 수 있는 혜안을 갖기 바란다. 이 책은 바로 우리 삶의 지표와 조명이 되어 세상을 사는데 도움을 줄 것이다.

저자 드림

목차

1장

다산에게
리더십을 묻다

리더십 이란 말은 21세기 들어오면서 화두가 된 지 오래다. 그
래서 사회의 각 분야에서 리더십에 대한 관심이 날로
높아져 가고 있다. 미국의 한 연구 조사에 의하면 직장인으로서 가장
필요한 부분에 1위를 차지한 분야가 리더십이라고 한다. 우리나라 대학
생들도 가장 필요한 것을 리더십이라고 하였다.

리더십이란 원래 우리말로 지도력, 통솔력, 지휘력 등으로 번역되어
사용되고 있다. 이러한 단어적인 개념 정의보다는 일반적으로 리더십은
한 개인이 다른 구성원에게 이미 설정된 목표를 향해 정진하도록 영향
력을 행사하는 과정으로 정의하고 있다.

그런데 문제는 이 리더십의 역량이 모든 사람들에게 공평하게 주어
지지 않았다는 것이다. 어떤 사람은 자라난 환경 속에서 리더십이 높은
반면에 어떤 사람은 전혀 리더십이 없는 경우가 많다. 리더십이 넘치는
사람은 사회를 살아가는 데 문제가 없지만, 리더십이 부족한 사람은 사
회를 살아가는 것은 물론 적응하는데도 어려움을 겪는다. 따라서 사회
적으로 리더십의 필요성이 증가하고 리더십이 부족한 사람들은 리더십
을 개발하고 연마하여 자신의 리더십을 갖추기 위한 노력을 아끼지 않
고 있다.

다산은 리더십이란 타고난 재능이나 유전적인 영향을 받기보다는 계
속해서 발전되고, 어떤 의미에서 리더십은 타고난 능력과 환경의 영향

아래 습득하는 것이라고 하였다. 타고난 능력에 습득된 기술이 첨가되면 리더십은 급격히 상승된다. 리더십을 높이려면 다산처럼 스스로 지속적으로 성공의 동기를 부여하지 않으면 안 된다.

다산은 현대에 필요한 리더십을 실천하고 솔선수범하였다.

리더가 되려면
큰 비전을 세워라

75세로 세상을 마쳤던 다산의 꿈과 이상은 정말로 크고 원대했다. 그의 꿈과 이상을 네 글자로 압축하면 요순시대의 이상 사회인 '희희호호熙熙皥皥 : 백성의 생활이 매우 즐겁고 평화로운 세상'를 실현하는 것이었다. 원래 '희희호호'라는 말은 공자가 요순의 다스림을 '희희호호'로 표현하면서 사용하게 되었다.

다산의 강진 유배는 그리 녹록한 게 아니었다. 하지만 그의 편지들을 보면 직접적으로 신세를 한탄하거나 자신을 버린 세상에 대해 원망하지 않았다. 단지 은유적으로 자신의 절박한 심정들을 밝혔다.

다산은 한때 정조의 총애를 한몸에 받으며 조선의 역사를 이끌었기에 자신은 한 번도 나락으로 떨어질 것이라는 생각을 가지지 못했을 것이다. 그러했기에 다산 자신에게 유배는 충격적이었을 것이다.

다산은 40세에 세 살짜리 사랑하는 막내아들을 처의 품에 맡기고 유배를 가야 했다. 둘째 형 약전과는 함께 유배를 떠나고, 셋째 형 약종은 대역 죄인으로 참수당하니 집안은 완전 풍비박산이 되었다. 천 리 길 전라도 강진 땅으로 터벅터벅 무거운 걸음을 옮기는 다산의 심정도 나락으로 떨어지는 느낌이었을 것이다.

다산은 대역 죄인이라는 낙인이 찍혀 유배지에 갔기 때문에 백성의 인심은 한없이 차가울 수밖에 없었다. 그는 거처할 곳을 찾느라 분주했지만 어느 누구도 죄인인 다산을 따뜻하게 맞아주지 않았다. 그런 속에서 주막의 노파가 내준 허름한 방에서 첫날밤을 보내게 된다. 어제까지 조선의 나는 새도 떨어뜨린다는 암행어사를 지냈고, 형조참의를 지낸 자신이 밤을 보내는 주막의 허름한 방은 차가운 감옥보다 더욱 잔인하였을 것이다.

더욱이 다산을 미래의 뛰어난 재상으로 인정했던 정조대왕이 급사했다. 자신을 유배에서 풀어줄 유일한 구세주였던 정조의 서거는 그에게 마지막 희망마저도 없어진 것이다.

아마도 낙심하고 또 낙심하였을 것이다. 분노로 잠도 제대로 자지 못했을 것이다. 더욱 가슴을 아프게 했던 것은 두 아들에 대한 소식이었다. 한양에 남기고 온 두 아들이 아버지가 죄를 지어 그 자손이 벼슬을 할 수 없는 집안이 되자 총명하던 두 아들이 세상에 대한 원망으로 학문을 정진하지 않는다는 사실을 알고 마음이 너무 아팠다.

이전까지 자신에게 줄을 대려던 양반들이나 친구들도 대역 죄인의 집안이라는 이유로 왕래가 뜸했을 뿐만 아니라, 일가 친척들도 어려웠던 다산의 자식들을 돌봐주는 사람이 없었다. 한마디로 권력 무상이라는 생각이 들었을 것이다.

그래서 다산은 여러 차례 편지를 보내 자식들에게 자신의 억울함을 후세에 남겨주기를 권했고, 결국은 강진으로 내려오게 하여 직접 가르치기도 하였다. 다산이 자신을 찾아와 공부하고 떠나는 아들 학유에게 표현하는 글이 하나 있다.

"아침에 일찍 햇볕을 받는 곳은 저녁에 그늘이 먼저 이르고, 일찍 피는 꽃은 지는 것 역시 빠르다는 것을 알아야 한다."

권력이 높으면 그만큼 빨리 진다는 철학을 깨달은 다산의 마음이었다.

이러한 절망에 놓인다면 누구든지 자포자기하였을 것이다. 그러나 다산은 달랐다. 다산은 모함과 유배의 고난 길에서 자신을 돌이켜보고 주어진 환경 속에서 백성을 위해 자신이 해야 할 일이 무엇인지 찾고자 하였다. 그리고 관념이 아닌 현실 속에서 해답을 만들어 내고자 실천하였다.

강진에서 세운 다산의 목표는 성호 이익과 퇴계 이황의 학문 세계를 사숙하는 것이고, 비전은 자신이 가진 지식과 경험을 백성들이 편하게 활용할 수 있도록 하는 것이었다. 다산은 강진에서 자신이 배운 지식을 가지고만 있는 것이 아니라 지혜로 활용할 줄 아는 실학인이 되겠다는 비전을 세운 것이다. 다산은 자신의 비전을 이루기 위하여 18년 동안 유배 생활을 하면서 530여 권에 이르는 엄청난 저술을 남겼다.

다산은 자신의 절망적인 상황을 오로지 자신의 책을 통해 자신이 이루지 못한 이상 세계를 실현하고자 뼈를 깎는 고통을 감내하면서 창작의 세계에 몰입하였다. 그의 도전은 죽을 때까지 멈추지 않고 왕성한 저술 활동을 하였다. 그의 포기할 줄 모르는 강한 열정의 바탕은 그의 비전이 뚜렷하고 확고했기 때문이다. 다산은 자신의 삶을 통해서 후세를 사는 우리들에게 절망이 있더라도 포기하지 말고 비전을 가지고 도전하라는 가르침을 주고 있다.

다산이 절망을 극복하고 후세의 사람들에게 존경을 받는 것은 바로 이렇게 큰 비전을 가지고 있었기 때문이다. 다산은 무릇 리더는 큰 꿈을 가져야 사람들이 그를 존경하고 따르게 된다는 것을 몸소 실천한 것이다.

긍정적으로 생각하라

다산은 최악의 상황을 긍정으로 이겨낸 대표적인 인물이다. 다산은 정조의 총애를 받으면서 황사영 백서 사건에 연루되어 뜻하지 않게 박해를 받게 되었다. 정약용에겐 하늘이 무너지듯 너무 어이없고 억울한 일이었다.

황사영 백서 사건이란 조선에서 천주교 박해가 심해지자 정약용의 조카사위인 황사영이 중국 연경에 있는 주교에게 탄원서를 써서 보내려다 발각된 사건이다. 정약용을 비롯한 남인 세력들을 축출할 수 있는 좋은 기회로 여긴 노론 세력들은 억지로 정약용, 정약전 형제를 끼워 넣은 것이다. 그 당시 천주교 박해로 100여 명이 처형되고 400여 명이 유배형을 당했다. 이때부터 정약용은 18년 동안 긴긴 유배 생활을 시작하게 된다. 언제 사약을 받을지 모르는 두려움, 계속되는 감시와 박해 속에서 그는 수많은 저술을 남겼다.

다산에게 있어 강진의 생활은 지옥과 다름이 없었지만, 그는 유배 생활을 긍정적으로 생각하려 하였다. 오랜만에 번잡한 정치를 떠나서 공부할 수 있는 기회를 갖고, 정조의 깊은 뜻을 생각할 수 있는 계기가 되었다고 생각하였다. 만약 그가 인생을 자포자기하고 허송세월을 보냈다면 우리는 다산의 이름을 기억하지 못했을 것이다.

미국에서 태어난 헬렌 켈러는 세상에 태어난지 9개월 만에 큰 병을 앓아 시력을 잃었고, 귀로 들을 수 없었으며, 입으로는 말도 못하는 '삼중고'의 장애인이 되었다. 그녀는 보지도 못하고, 말하지도 못하고, 듣지도 못하는 모든 장애를 가지고 있으면서도 삶을 포기하지 않았다. 모든 장애를 가지고 있으면서도 장애로 삶을 포기하기보다는 어려움을 극복하면서 하버드대학을 졸업하였으며 유명한 저서까지 남겼다. 헬렌 켈러는 자신의 불행에 좌절하지 않고 불가능을 극복하여 장애인들에게 성공의 상징으로 큰 힘과 용기를 주었다.

〈TIME〉지는 헬렌 켈러를 20세기의 위대한 100명의 인물에 선정하기도 하였다. 헬렌 켈러는 "가장 불쌍한 사람은 실력은 있지만 비전이 없는 사람"이라고 말했다. 이는 꿈이 없는 사람은 시력을 잃은 것보다 불쌍하고, 말을 못하는 것보다 불쌍하고, 듣지 못하는 것보다 불쌍함을 의미한다. 반대로 장애를 가졌더라도 비전이 있으면 행복하다는 것을 의미한다.

사람들은 자신이 처한 현실을 불행하다고 보는 경우가 있다. 그래서 자신의 불행한 처지가 자신의 비전을 세우는데 단점으로 작용한다고 생각한다. 그래서 평범한 사람들은 스스로 비전을 세우는 것을 두려워하고 포기하기도 한다. 그러나 큰일을 이룬 사람들은 위기와 고난의 상황마저도 긍정적으로 만들어 자기의 사명을 이룰 또 다른 기회로 활용한다.

긍정적인 생각을 갖는 것은 연령과 성별에 따라 차이가 있지 않다. 즉 긍정적인 생각은 누구나 할 수 있다는 것이다. 진정으로 리더가 되기 위해서는 모든 것을 긍정적으로 생각해야 한다. 다산은 자신에게 닥친 절망적인 상황을 긍정적으로 생각했기 때문에 오늘날 우리에게 그의 유산은 등불이 되어 갈길을 비추어 주고 있다.

인재를 등용하라

중세에서 근대로 변화되는 시대의 전환기를 살았던 정약용은 당시 조선의 인재였다. 다산은 자신의 학식과 경험을 바탕으로 사회 현실을 예리하게 관찰하면서 다방면에 걸쳐 체계적인 개혁사상을 제시하였다.

좋은 세상을 만들기 위해 온갖 정성을 다 기울였던 다산은 인재 등용 정책에 높은 관심을 기울이면서 기회 있을 때마다 인재 선발의 중요성을 언급했다. 인재를 양성하기 위해서는 교육에 대한 차별을 없애고 인재를 뽑을 때는 신분, 지역성을 탈피하자는 주장을 하였다.

당시 조선 시대에는 국가에서 필요로 하는 인재를 양성하기 위해 통치 이념인 유교적 윤리관을 보급하는 학교가 서울과 지방에 널리 분포되어 있었다. 서울에 있던 성균관, 4학, 종학, 잡학과 지방의 향교, 양사재 등은 국가에서 설치 운영하는 관학에 속하고 서재나 서당, 가숙家塾 및 서원은 사학으로 분류된다.

조선 시대에 존재했던 이러한 학교 형태는 일시에 생겨나 모두 동시에 존재했던 것은 아니다. 시대에 따른 지배층의 신분적 이해관계와 교육 정책의 변화에 의해 생성과 소멸이 적지 않았다. 이에 대해 다산은 이성, 지성, 합리성 따위를 중히 여기는 주지적 교육이나 실천이 따르지 아니하는 이론이나 논의를 중시하는 공리공론적 교육 방법 등의 문제점 들을 지적하였다.

조선 시대의 과거 제도는 천인賤人은 물론, 같은 양반이라도 서얼庶孼 출신은 응시할 수 없었다. 신분상으로는 일반 서민인 양인良人과 양반이 응시할 수 있었으나, 양인이 급제한 사례는 적어 대개 순수한 양반들만 합격하는 구조로 되어 있었다. 이에 대해서도 다산은 귀족 자제 위주의 교육으로 인한 교육 기회의 불평등, 과거 제도의 폐단 등을 비판하면서 교육 현실에 대한 깊은 성찰을 바탕으로 새로운 교육 제도 개혁안을 제시하였다. 이와 같은 정약용의 사상은 당시 사회가 직면해 있던 봉건적 문제점을 극복할 수 있는 탁월한 것이었다.

물론 정약용의 교육 개혁론은 당대에 받아들여지지 않았지만, 후대의 주목과 관심을 받으면서 지금까지 정약용의 교육 철학에 대한 많은 연구가 계속 이어지고 있다. 이러한 이유로 그를 실학사상의 집대성자이자 조선 후기 사회가 배출한 대표적 교육 개혁가로 평가하고 있는 것이다.

다산은 이론 위주의 교육보다는 생활에 필요한 교육이 중요하며, 교육의 기회도 일반 백성들에게 골고루 평등한 교육의 기회가 주어져야 한다고 하였다. 또한, 과거 제도도 신분 차별을 철폐하여 유능한 인재들이 국가의 중요한 일들을 책임지고 일할 수 있는 기회를 주어야 한다고 하였다. 그러나 당시에는 신분 차별에 의하여 아무리 능력이 있거나 재능이 있어도 자신의 재능을 펼칠 기회가 주어지지 않아 사회적으로 절망하거나 때로는 반란을 일으키기도 하였다.

다산 자신도 정조에게는 탁월한 인재로서 인정받았지만, 순조가 왕위에 오르면서 자신에 대한 가치를 알아주는 사람이 아무도 없었다. 다산은 이처럼 자신을 몰라주는 세상이 한탄스러웠을 것이다.

자신의 다양한 지식과 경험은 충분히 조선을 발전시키고도 남을 수 있는 기개가 있었지만 제도권에서 활용되지는 못하였다. 만약 다산이 순조 때에도 중요한 직책을 맡아서 정사를 돌보았다면 우리의 역사는 달라졌을 것이다. 그러나 조선 사회는 당파 싸움으로 말미암아 자기 편의 이익만을 생각했지 국가의 이익을 위해서는 어떠한 고민도 하지 않았다.

지금 세계는 내일을 예측하기 어려운 환경에서 국가 간, 기업 간 치열한 경쟁을 하고 있다. 이에 따라 각 기업들은 내일의 비전과 활력을 지닌 소수 정예의 우수 인재를 확보, 육성, 유지하는 데에 대단한 관심과 노력을 쏟고 있다.

"한 명의 핵심 인재가 1만 명의 직원을 먹여 살릴 수 있다." 라는 어느 그룹 회장의 말을 빌리지 않더라도 극심한 경쟁 환경 속에서 핵심 인재가 얼마나 중요한 요소인지는 기업에 관련된 모든 사람이 공통으로 느끼는 사항일 것이다.

최근 두드러진 기업 경영의 현상 가운데 하나를 꼽으라면 우수 인재를 확보하기 위한 '인재 전쟁Talent War'이라고 말할 수 있다. 지금은, 과거 기업에서 1만 명이 1명을 먹여 살리던 시대에서 1명이 1만 명을 먹여 살리는 지식 경제 시대로 돌입했다.

앞으로 리더의 자질 중에 중요한 것이 바로 핵심 인재를 구별할 줄 아는 능력이다. 핵심 인재를 얼마나 확보하느냐에 따라 자신의 조직이 성장하느냐 사라지느냐를 결정하기 때문이다. 리더가 이끌어가는 조직에 핵심 인력이 얼마나 있느냐에 따라 단기적으로는 2~3년 뒤, 장기적으로는 10년 뒤의 성과가 결정된다. 따라서 각 국가나 기업들은 우수 인재 확보, 육성, 유지에 대한 관심은 앞으로도 더욱 커질 것으로 보인다. 이러한 시기에 다산의 인재 등용론은 리더들이 인재를 양성하고 선별하는데 방향을 제시해 준다.

사람을 적재적소에 기용하라

　다산은 리더의 능력으로 중요한 것은 인재를 적재적소에 배치하는 능력이라 하였다. 적재적소에 배치한다는 것은 합당한 인물이 적당한 자리에서 능력을 충분히 발휘할 수 있어야 한다는 뜻이다. 다산은 "옛날의 어진 임금들은 눈이 먼 소경은 음악을 연구하게 하였고, 절름발이는 대궐 문을 지키게 하였고, 고자는 후궁의 처소를 출입게 하였고, 곱사나 불구자, 허약하여 쓸모없는 사람이라도 적당한 곳에 적절하게 용무를 맡겼다."라고 하였다. 결국, 좋은 리더가 되기 위해서는 사람의 능력에 따라서 그 사람의 능력을 최대한 활용할 수 있는 환경을 만들어 주어야 한다는 것이다.

　시오노 나나미의 《로마인 이야기》를 보면 로마 제국의 성공하는 황제와 실패하는 황제의 뚜렷한 차이점을 볼 수 있는데, 그것이 바로 장수들을 배치하는 방식이다. 카이사르는 장군으로 있을 때 자신의 휘하에 있는 장군 중에 공격적인 성향이 강한 장수는 영토를 확장하기 위해 공격이 필요한 갈리아^{현 프랑스} 인근이나 카르타고^{현 튀니지} 등지로 보내고, 수비에 능한 장수는 적의 공격이 많은 수비 지역인 스페인 쪽으로 발령을 내었다. 결국 카이사르의 장군들은 자신이 잘하는 일을 맡겼기 때문에 자신의 능력을 십분 발휘하여 성공적으로 임무를 완수하였고, 카이사르는 리더로서 인정을 받아 로마의 황제가 되었다.

그러나 실패한 황제들은 장수들의 특성을 잘 모르고 이를 어긋나게 배치해 수비가 필요한 지역에서는 공격을 해서 문제를 일으키고, 공격이 필요한 지역에서는 수비에만 치중하다 시기를 놓친 경우가 많았다. 결국은 전쟁에서 패배하거나 영토를 잃었다.

무능력한 리더는 자신이 똑똑한 줄 알고 모든 것을 혼자 다 하려는 생각을 갖고 있다. 다른 사람을 시키는 것이 마음에 들지 않고 자신만큼 잘할 수 없다는 생각을 가지고 있기 때문이다. 능력이 뛰어난 사람은 규모가 작은 일을 혼자서 빠르게 잘할 수 있을 것이다. 그러나 일의 규모가 커지게 되면 자신이 감당할 수 없거나, 시간이 많이 들 때가 생기게 된다. 예를 들면 나 혼자 집을 청소하는 것은 가능하지만, 동네 전체를 청소하는데 혼자 일하게 되면 한계가 생기거나 시간이 많이 걸릴 것이다.

진정한 리더가 되기 위해서는 자신만의 능력을 가지고 일하기보다는 조직원들이 저마다 잘하는 것을 믿고 맡겨야 한다. 중간에 점검하여 부족한 점은 채우고 넘치는 것은 덜어내야 한다. 이처럼 적재적소에 인력을 배치하는 것은 개인들의 힘을 합친 것보다 더 큰 위력을 발휘하게 한다.

실제로 조직원은 많지만 제대로 조직이 움직이지도 못하고 우왕좌왕하는 곳도 있지만, 적은 조직을 가지고도 몇 배의 일을 효율적이고 효과적으로 운영하는 곳도 있다. 그것은 바로 조직원의 수가 많은 것이 중요한 것이 아니라 어떻게 인재를 적재적소에 배치하느냐에 따라서 그 기업이 발전하기도 하고 쇠퇴하기도 한다는 것을 증명하는 것이다.

세상의 변화에 빠르게 적응해야 하고, 생존 경쟁을 해야 하는 기업의 입장에서 인재를 적재적소에 배치하는 것은 무엇보다 중요한 일이다. 기업에서 직원들을 적재적소에 배치하기 위해서는 우선 선발 자체에서 학벌이나 성적 위주의 인사에서 벗어나 해당 분야의 현장 경험이나 잠재능력, 창의력, 개인의 역량을 잘 파악해서 뽑아야 한다. 기업은 연구만 하는 곳이 아니고 나아가 영업도 해야 하고 관리도 해야 하는 곳이기 때문이다. 그러나 학벌과 성적으로만 인재를 뽑는다면 그들에게 필요한 영업과 관리는 누가 할 것인가를 고민해야 할 것이다. 다양한 분야의 좋은 인재를 뽑아서 그들의 적성과 잠재능력을 발견하여 적재적소에 배치해야 기업의 성장과 발전을 이룰 수 있을 것이다.

국가 경영에서 인재의 적재적소 배치는 더욱 중요하다. 국가 경영에 참여하는 인재들이 한 나라의 운명을 결정짓기 때문이다. 인재의 명성에 의존하여 자리를 맡기기보다는 인재의 됨됨이를 고려하여 선발하되 인재의 명성과 능력을 돋보일 수 있도록 자리에 배치하여야 한다. 자기 자신의 이익과 동료들의 자리를 보전하려는 잘못된 인재를 국가의 중요한 자리에 배치하는 것은 고양이에게 생선을 맡기는 꼴이 된다. 이러한 인재는 나라를 위태롭게 하고, 나라의 기강을 무너뜨리게 되는 것을 우리의 역사와 다른 나라의 역사에서 수도 없이 많이 볼 수 있었다. 따라서 진정으로 나라를 위해 고민하고 헌신할 제대로 된 역량을 갖춘 적임자를 배치해야 한다. 결국, 인재의 적절한 기용은 나라가 잘 돌아가게 하는 것은 물론 한국의 미래를 결정하는 중요한 일이다.

인재에는 귀천이 없다

　'인사가 만사'라는 말이 있다. 국가와 사회에 필요한 인물을 선발하고 등용하는 길이 막히게 되면 그 국가와 사회는 쇠퇴하기 마련이다.

　정조는 즉위하자마자 지금까지 노론 일파의 정국 주도에 대해 강한 불만을 가지고 있었다. 더욱이 아버지인 사도세자를 죽이고 자신에게도 두 번이나 모반과 암살을 기도했기 때문에 자신의 인재가 필요했다. 그러나 당시의 인재 채용은 조정을 장악하고 있는 노론에게 유리하게 되어 있어서 결국 왕권 약화는 불을 보듯 뻔하였다. 따라서 정조는 규장각을 설치하고 자신의 정치적 철학과 뜻을 같이 하는 학자들을 대폭 기용하였다.

　원래 규장각은 '역대 국왕의 어제御製와 서적을 보관하는 도서관'이라는 뜻이다. 군주의 어제御製와 서적을 보관하자는 건의는 세조 때부터 있었지만, 정조대正祖代에 와서야 그것을 실행에 옮긴 것이다. 정조는 규장각을 설립한 후 이곳을 자신의 친위 기관으로 이용하게 된다.

정조는 규장각의 신하들을 고위 관리로 임명하였는데 규장각의 직제로 보면 가장 높은 지위의 책임자는 '제학提學'이었다. 노론의 김종수金鍾秀, 남인의 채제공蔡濟恭을 제학에 임명하여 당론을 절충하면서 정책을 입안하는 탕평책을 훌륭하게 실천해 갔다. 이들의 사무실인 이문원을 왕의 집무실인 창덕궁 인정전 서편에 두었다. 이는 이문원을 왕의 처소와 가까운 거리에 두어 항상 역할을 원활히 수행하도록 하기 위한 조처였다. 또한, 강화도에 외규장각外奎章閣을 지어 효종孝宗 이래 강화도의 내군기內軍器에서 보관해 오던 역대 선왕의 어제御製, 교명敎命, 전장典章 등을 보관하였다. 또한, 교서관校書館을 규장각의 외각外閣으로 귀속시켜 서적의 출판을 전담하도록 하였다.

정조 시대 이전에는 고위직이나 역할이 큰 벼슬에 임명될 수 없었던 서출庶出의 박제가 · 유득공 · 이덕무 · 서이수 등 뛰어난 인재들을 검서관으로 발탁하여 새로운 개혁 정치의 정책을 입안토록 하였다. 신분 철폐를 통한 평등 사상을 실현하려던 정조의 높은 뜻은 역사적으로 큰 평가를 받고 있다.

더구나 초계문신은 37세 이하의 당하관 중에서 선발하여 본래의 직무를 면제하고 연구에 전념하게 하되, 1개월에 2회의 구술고사와 1회의 필답고사로 성과를 평가하였는데, 정조가 직접 강론에 참여하거나, 시험을 주관하며 채점하기도 하였다. 또한, 정조는 초계문신으로 발탁된 정약용 같은 소장 학자들에게 중국에서 들어온 서양의 과학 사상이나 과학 기술에 대한 많은 도서들을 마음껏 읽을 수 있는 기회를 제공하여 조선의 문예 부흥과 역사 발전에 매우 중요한 계기를 마련했다.

다산은 정조와 뜻을 같이했지만 초계문신 제도에 대해서는 이미 과거를 통해 선발되어 벼슬을 하고 있는 신하를 지속적으로 평가하는 것은 어질고 유능한 신하를 대우하는 것이 아니라고 비판하기도 했다.

정조의 갑작스러운 죽음 이후 규장각을 통해 양성된 정조의 친위 세력 중 노론老論계의 일부 인사를 제외한 대부분은 정계에서 밀려났고, 규장각은 왕실의 문서를 보관하는 도서관의 기능만 가지게 된다.

다산은 인재관에 대해 "나에게는 소망하는 바가 있다. 온 나라가 양반이 되게 하는 것이다. 그렇게 하면 온 나라에 양반이 없게 될 것이다."라고 말했다. 결국 조선의 인재 등용을 위한 과거 문제의 바탕은 기회의 균등이 부족하기에 생기는 문제였기 때문이다. 다산이 이러한 생각을 하게 된 배경에는 당시 유교 사회의 문제점으로 시작하였다. 당시는 관직을 지향하는 사회로 유교를 공부하는 지식인들의 최대 목표는 관직으로 나가는 것이었다. 그러나 당시에는 정약용 같이 뛰어난 인재도 차별을 받은 것처럼 선천적인 신분이나 출신지 등으로 인해서 기회는커녕 피해를 받는 사람이 많았다. 예를 들어 양반이 아닌 백성들은 관직에 오를 기회가 주어지지도 않았으며, 평안도와 함경도, 황해도, 개성, 강화도, 관동과 호남의 절반도 버림을 받았다. 그뿐만 아니라 당시 사회의 중요한 세력이었던 북인과 남인도 배척을 받았다.

다산의 짤막한 논문인 〈통색의通塞議〉에서 다산이 가지고 있는 인재 채용의 가장 일반적인 원칙을 이야기하고 있다. 통색이라는 말은 '막힌 것 또는 경색된 것을 뚫는다.' 라는 말이다. 다시 말해서 특정 지역 출신 인물들의 등용 길이 막힌 것을 뚫어 그들도 봉사의 길에 들어서게 한다는 뜻이다.

다산은 신분의 차별이나 신분세습제 등을 반대하고, 평등주의를 주장하였으며, 또한 이에 따르는 당연한 결과로서 능력주의를 주장하였다. 나아가 동서남북의 출신에 구애받지 않고 인재를 등용해야 국가가 평안해진다는 점을 강조하고 있다. 그의 생각은 인재를 등용하는 통로가 막혀서는 안 된다는 것이다.

다산은 정조에게 "현재의 인재를 육성하는 정책은 인재를 소홀히 하고, 인재를 평가하는 방법은 거칠고, 일이 잘못되면 사람에게 책임을 지우는 경우가 많다."라고 조언하였다. 이 폐단을 극복하기 위한 대안으로서 전문성 강화와 개방형 채용제도 도입을 제안했다. 또한, 다산은 근무 연한에 따라 마구잡이로 여기저기 임명하거나 한 사람에게 너무 많은 겸직을 주어서도 자신의 능력을 다 펴지 못하기 때문에 안 된다고 하였다. 다산은 이런 문제를 해결하기 위하여 인재의 능력에 맞는 일을 맡겨야 하고, 적재적소에 사람을 배치해야 한다고 하였다.

칭기즈칸이 세상을 지배할 수 있었던 원동력은, 신분의 귀천을 가리지 않고 노예나 심지어는 자신을 죽이려 했던 적장들도 능력이 있으면 천거하여 자신의 장군으로 삼았던 데에 있다. 이로 인하여 어릴 때부터 신에게 맹세한 형제보다 더 소중한 자모카와 전쟁을 벌이게 된다. 자모카는 부족장의 아들이었기에 장군은 귀족만 되어야 한다는 고정관념을 가지고 있었으나 칭기즈칸은 신분이 중요한 게 아니라 능력이 중요하다고 보았다. 이러한 두 사람의 견해 차이에는 하늘에 태양이 두 개가 될 수 없다는 사실을 알게 하였다.

자모카는 급기야 피의 맹세를 나눈 형제보다 절친했던 칭기즈칸을 죽이기로 결심하였다. 결국 귀족 출신의 인재를 등용한 자모카는 노예와 적장을 인재로 등용한 칭기즈칸과 전쟁을 치렀지만 패배하여 칭기즈칸에 의하여 죽음을 당했다.

칭기즈칸은 배우지 못해 글을 읽지도 쓰지도 못하였고, 귀족으로 성장하지도 않았지만 세상을 정복하였다. 그의 성공 비결은 세계를 정복하기 위하여 자신을 섬길 줄 알고, 자신을 위해 전쟁을 할 줄 알고, 통치를 잘하고, 무기를 만드는 인재들을 많이 두었기 때문이다. 결국, 그들은 자신을 알아주는 주군을 위해서 목숨을 아끼지 않고 충성을 바쳐 몽골이라는 조그만 나라가 유라시아 대륙의 대부분을 정벌할 수 있었다.

통계 자료를 보면 '강남'이라는 지역의 서울대학 진학률이 10%를 웃돌고 있으며, 한국에서 성공한 법조인, 정치인, 기업가의 출신 학교를 보면 소위 SKY 대학이라고 하는 서울대, 고려대, 연세대 출신이 60%라는 통계 결과가 있다. 이를 종합해 본다면 한국에서 성공하려면 강남에서 태어나 학교를 다녀야 하고, SKY 대학에 입학해야 성공한 사람 60% 안에 들 수 있다는 것을 의미한다. 과거에는 출신 성분과 지역에 따른 차별이 있었다면 현재는 학벌과 출생 지역이라는 신분 차별이 일어나고 있다.

한국의 모든 제도나 정책이 이들에 의해서 주도되고 있고, 여기서 소외된 사람들은 자신이 아무리 똑똑해도 좀처럼 기회를 만나기가 어렵다. 결국, 사회에서 인정받지 못해 정약용처럼 초야에 묻혀 조용히 사라지는 인재도 많다.

물론 인재의 조건으로 공부를 잘하고 좋은 대학을 나오는 것도 중요하지만, 꼭 공부를 잘하고 좋은 대학을 나왔다고 해서 좋은 인재라는 방정식은 성립되지 않는다. 실제로 사회를 이끄는 지도층 중에서는 모범을 보이기보다는 자신의 이익만을 위해서 살거나, 부정 축재를 하거나, 한국의 미래를 망치는 일을 서슴지 않는 사람도 많다.

앞으로 한국의 밝은 미래를 위해서는 인재를 선발할 때 좋은 대학을 나온 것도 중요하지만 다양한 선발 방법으로 능력 있는 인재를 찾아야 한다.

변화를 이끌어라

우리는 변화하지 않으면 가치를 잃어버리는 것들을 수없이 목격한다. 신곡 하나로 반짝한 가수들이 새로운 곡을 내지 못하면 금방 사람들의 머릿속에서 잊히는 것을 쉽게 볼 수 있다. 신제품을 사고 돌아서면 새로운 신제품이 시장에 나오는 시대에 살고 있는 우리에게 과거의 영광은 의미가 없다. 어제의 영광은 이제 더 미래로 연결되지 않는다.

그래서 그런지 요즈음 개인, 기업, 국가는 너나 할 것 없이 변화와 혁신을 강조하고 있다. 국제사회나 국내에서 주류로 자리 잡기 위해서는 사회의 변화에 따라 신속하게 변화하고 준비해야만 하는 시대에 살고 있기 때문이다.

정부에서는 변화와 혁신을 주도하려고 하고 있으며, 개인은 사회의 변화에 적응하고 성공하기 위해서 스스로에게 변화와 혁신을 주입하고 있다. 많은 기업들의 신년 사업계획에서도

'변화'는 빠지지 않고 등장하는 주요 주제다. 경영자나 지도자들은 자신의 조직을 변화시키기 위하여 새해가 되면 사무 혁신, 조직 혁신, 구조 조정, 조직 문화 개선 등 다양한 이름의 변화 관리 프로그램을 선포하고, 더욱 나은 조직으로 거듭날 것을 다짐한다. 하지만 안타깝게도 변화 관리 프로그램을 성공적으로 수행한 기업이나 국가는 전 세계적으로 많지 않다.

조선 시대 후기를 살았던 다산은 변화를 두려워하지 않고 창의를 존중하는 삶을 살았다. 《목민심서》를 보면 다산은 관직 생활을 하면서 민중을 다스리는 목민관으로서의 자세를 보여주었다. 《경세유표經世遺表》를 통해서도 당시 조선의 근간을 전부 바꾸고자 하는 다산의 마음을 읽을 수 있다. 당시 사회의 모순이 집약되어 있다고 볼 수 있는 토지 문제 및 농업문제에 대해서도 과감한 개혁을 주장하였고, 실학자들이 관심을 가져온 기술 발달과 상공업 진흥을 통한 부국강병의 실현 방법도 제안하였다. 그뿐만 아니라 《흠흠신서》를 통해서 지금까지의 수사 관행을 바꾸고 올바른 수사를 하도록 당부하였다. 수원 화성을 지으면서 기존의 공법보다는 새로운 기법으로 더 빨리 아름답게 만드는 창의력을 발휘하였다.

변화와 혁신에 대한 중요성을 강조한 것이 비단 오늘날의 일은 아니다. 놀랍게도 무려 100년 전부터 혁신과 변화의 중요성이 강조되어 왔던 것이다. 오스트리아 태생의 마국 경제학자

슘페터는 자본주의 발전의 원동력은 '창조적 파괴'라고 하였다. 또한, 컨베이어 시스템을 도입해서 자동차의 대량 생산과 대중화 시대를 연 헨리 포드는 "변화를 거부하는 사람은 이미 죽은 사람이다.", "이 나라에서 우리가 아는 유일한 안정성은 변화뿐이다.", "만약 목표를 성취하는데 방해가 된다면 모든 시스템을 뜯어고치고, 모든 방법을 폐기하고 모든 이론을 던져 버려라." 등의 말로써 변화와 혁신의 중요성을 주장하였다.

100년 전부터 주장되어 온 변화와 혁신이 원하는 만큼 달성되지 않았거나 시대의 변화에 따라 더욱 필요하였기 때문에 지금도 강조되고 있는 것이다.

변화와 혁신은 변화를 거부하는 기존의 세력에게 많은 저항을 받게 되며, 대단위 자원과 노력 투여, 그리고 오랜 시간이 소요되는 특징을 가지고 있다. 결국, 세상을 변화시키려는 다산의 의지는 현실에 안주하려는 수구파와 충돌하여 결국 유배라는 이름으로 싸움에서 지게 된 것이다.

성공적 변화와 혁신을 위해서는 최고경영자의 전폭적인 참여와 지원은 너무도 당연한 전제 조건이다. 그러나 최고경영자 한 사람의 힘으로 거대한 조직이 변화할 수 있다는 것은 우스운 이야기이다.

결국, 조직 전체의 변화와 혁신을 가져오려면 최고 경영자뿐만이 아니라 조직 구성원의 변화도 따라주어야 한다. 그러나 기존 조직 구성원을 변화와 혁신의 기수로 만드는 것은 고정관념을 깨는 것만큼 어려운 것이 현실이다. 그래서 기업이나 국가는 변화와 혁신을 이끌 인재를 등용하려는 노력을 기울이고 있다. 오래된 조직의 관행을 깨고 변화와 혁신을 몰고 갈 새로운 창의적 인재를 영입하려고 하는 것이다.

개인, 기업, 국가가 변화와 혁신을 필요로 하는 시대일수록 변화를 이끌어 갈 수 있는 새로운 리더를 원하게 될 것이다. 이들이 사회의 주류가 되는 때, 이들이 변화와 혁신을 이끌 신인류가 될지도 모른다. 그래야 개인, 기업, 국가의 미래가 있는 것이다.

남을 배려하라

다산은 리더는 배려심이 있어야 한다고 하였다. 그리고 성공하는 조직을 만들고 싶으면 조직원들을 배려해야 한다고 하였다. 다산의 이러한 마음은 목민관으로 있을 때도 백성을 영슈으로써 따르게 하지 않고 배려로 따르게 하였다. 그는 부하와 백성에게 영슈이 아닌 배려 정신으로 대했기에 사람들이 존경하고 스승으로 따르게 된 것이다. 본인은 관리로서의 엄한 규율을 지켰지만 그 엄함의 깊은 바닥에는 배려가 있었다. 다산의 글들을 보면 백성의 속마음까지 이해하고 그 자존심을 건드리지 않는 배려심이 자주 보인다.

다산은 어려운 환경으로 인해서 다른 사람들에게 도움을 받고 싶어 하는 자신의 자식들에게 먼저 베풀도록 다음과 같이 훈계를 하였다.

"남의 은혜를 받으려는 생각을 버리면 절로 마음이 평안하고 기분이 화평해져 하늘을 저주한다거나 사람을 원망하는 일이 없어질 것이다. 오히려 여러 날 밥을 굶고 있는 집이 있으면 쌀이라도 퍼주고, 추워서 떨고 있는 집에는 장작개비라도 나누어 따뜻하게 해주고, 병들어 약을 먹어야 할 사람들에게는 한 푼의 돈이라고 쪼개서 약을 지어 일어날 수 있도록 도와주고, 가난하고 외로운 노인이 있는 집에는 때때로 찾아가 무릎 꿇고 따뜻하고 공손한 마음으로 공경하여야 하고, 근심 걱정에 싸여 있는 집에 가서는 연민의 눈빛으로 그 고통을 함께 나누면 너희들이 어려울 때 그들은 진심으로 너희들을 도울 것이다."

다산은 은혜를 베풀지 않으면서 남이 먼저 은혜를 베풀어주기만 바라는 자식들을 보고 마음이 아팠을 것이다. 그래서 위와 같은 말로 먼저 베풀어야 얻을 수 있다는 것을 훈시하였다. 그리고 자식들에게 은혜를 베풀었다고 해서 마음속에 보답 받을 생각은 갖지 말아야 하며, 하물며 어려운 일이 있을 때 다른 사람이 보답해 주지 않더라도 부디 원한을 품지 말아야 한다고 가르치고 있다.

공자의 충직한 제자로 훗날 노나라 재상이 된 자공子貢이 어느 날 공자에게 물었다. "정치란 무엇입니까?" 공자가 답변했다. "백성의 양식이 넉넉하고 국방력이 튼튼하면서 백성이 믿을 수 있도록 해야 잘하는 정치다."

"어쩔 수 없이 세 가지 중에서 하나를 버린다면 맨 먼저 무엇을 버릴까요?" 자공의 물음에 공자는 "군대"라고 했다. "나머지 두 가지 중에서 어쩔 수 없이 하나를 버린다면 무엇이 먼저입니까?" 다시 자공이 묻자 공자는 "양식"이라고 답했다.

《논어》에 실린 내용이다. 다산 정약용도 "백성이 믿어 주지 않으면 나라가 제대로 설 수 없다民不信不立."라는 공자의 가르침대로 정치의 으뜸은 백성의 신뢰이지, 부유함이나 국방이 우선일 수는 없다고 말했다. 백성의 신뢰야말로 나라를 다스리는 기본이라는 것이다.

다산은 백성을 배려하는 마음이 바로 조선의 흥망성쇠를 결정하는 중요한 요인이라고 생각하였고 실천하는 삶을 살았다. 다산이 지은 책들을 보면 하나같이 백성에게 애정을 가지고 배려한다는 내용이 나온다. 배려를 바탕으로 업적이 만들어졌기 때문에 후세에 다산을 더욱더 존경하게 만드는 힘이 된다.

다산의 배려에는 용서가 함께 있었다. 다산의 배려에는 자신을 버린 조선 조정과 그를 미워했던 모든 사람들에 대한 용서가 있었다. 그들을 용서하지 않았다면 늘 죽음 같은 유배지에서 좌절로 세월만 보내다 죽었을 것이다. 다산의 배려에는 끝없는 용서가 기반이 되어 조선과 백성을 변화시키려는 힘이 되었다. 다산은 백성에 대한 깊은 배려가 살아 있었던 진정한 리더이다.

근검_{勤儉}하라

다산은 사람은 누구나 본능적으로 편한 삶과 잘살고 싶은 욕심을 가지고 있다는 것에 대해서 충분히 인정하였다. 그러나 그러한 욕심을 얼마나 억제하고 다스리느냐의 여부가 진정으로 존경받는 리더나 인간의 평가 기준이라고 생각하였다. 그래서 다산은 자신을 억제하고 통솔하는 마음가짐을 중요한 일로 여겼다.

다산은 자신을 억제하고 통솔하는 마음가짐을 위해서 근검하는 자세를 가지라고 하였다. 다산의 근검 정신은 자신에게 그리고 자식들에게 지나칠 정도로 엄격했다. 항상 검소한 생활을 강조했고, 자신도 평생 근검한 생활을 실천하였다. 다산은 재물에 대해서 평소 다음과 같은 생각을 가지고 있었다.

"사람들은 부귀영화를 위하여 재화에 대한 욕심을 가지고 있으며, 재화를 모아 숨겨 두려고 한다. 그러나 재화를 숨겨 두는 것보다 남에게 베풀어 버리는 것이 가장 좋은 방법이다. 베풀면 도적에게 빼앗길 걱정이 없고 불이 나서 타버릴 걱정이 없고 소나 말로 운반하는 수고도 없다. 그리고 재화를 남에게 베풀면 자기가 죽은 후 꽃다운 이름을 천 년 뒤까지 남길 수도 있어 자기 몸에 늘 재화를 지니고 다니는 격이다. 이처럼 재화를 오랫동안 보관하는 방법이 있겠는가?"

이러한 생각을 가지고 있던 다산은 재물을 모으지 않았다. 그래서 자식들에게 남길 변변한 유산이 없었던 것은 너무나 당연했다. 다산은 자신만 근검한 인생을 산 것이 아니라 누누이 자식들에게 근검하기를 강조하였다. 다산은 자식들에게 재산을 물려주기보다는 근검 정신을 물려주었다. 그리고 자식들이 서운해 하지 않도록 다음과 같은 교훈을 남겼다.

"내가 벼슬하여 너희들에게 물려줄 조그만 밭도 장만하지 못했으니, 오직 정신적인 부적 두 글자를 마음에 지녀 잘살고 가난을 벗어날 수 있도록 이제 너희들에게 물려주겠다. 너희들은 너무 야박하다고 하지 말라. 한 글자는 근勤이고 또 한 글자는 검儉이다. 이 두 글자는 좋은 밭이나 기름진 땅보다도 나은 것이니, 일생 써도 다 닳지 않을 것이다. 너희에게 유산으로 좋은 밭이나 기름진 땅을 남기기보다는 평생 써도 닳지 않는 근검을 남긴다."

근勤은 부지런한 것을 뜻하는 것으로 어떤 일을 꾸물거리거나 미루지 않고 꾸준하게 열심히 하는 것을 의미한다. 검儉이란 사치하지 않고 꾸밈없이 수수하게 하는 것을 뜻한다. 결과적으로 근검한다는 것은 자신의 어려운 삶을 극복하는 것이 아니라 부지런히 일하며 힘쓰고 사치하지 않고 꾸밈없이 수수하게 사는 것을 의미한다.

다산은 근검을 넘어 매우 가난하게 살았다. 아내 풍산 홍씨가 끼니를 걱정하였을 정도였는데, 다산의 〈가난〉이라는 시에서 당시 근검하다 못해 가난이 얼마나 힘든 것이었는가를 느낄 수 있다.

"안빈낙도安貧樂道하리라 말을 했건만
막상 가난하니 안빈安貧이 안 되네.
아내의 한숨 소리에 그만 체통이 꺾이고
굶주린 자식들에겐 엄한 교육 못 하겠네."

다산은 수령이 생활신조로 받들어야 할 덕목으로 청렴, 근검, 명예와 재리財利를 탐내지 말 것을 강조했다.

다산은 관리가 되면 "백성을 사랑하는 근본은 재물을 절약하는 데 있고, 절약하는 근본은 검소한 데 있다."라고 하였다. 그것은 관리가 검소해야 청렴할 수 있고, 청렴해야 백성을 사랑할 수 있기 때문이다. 그러므로 검소하게 사는 것은 목민관이 제일 먼저 힘써야 할 일이라고 한 것이다.

다산은 관리들이 재물, 여자_色, 직위에 청렴한 마음을 가질 때 관리 스스로 투명성이 생기고 권위가 생긴다고 했다. 다산은 근검하는 삶을 직접 솔선수범하였다.

마치 모든 것을 풍족하게 사용할 뿐만 아니라 낭비를 생활화하는 우리들에게 준엄한 충고를 남기는 듯하다.

세상이 조금 넉넉해졌다고 재물을 마음대로 낭비하는 요즈음 다산의 삶에서 교훈을 얻어야 한다. 우리는 자신을 억제하고 통솔하는 마음가짐에 대한 다산의 말씀을 되새기면서 진정한 리더가 되어야 한다. 다산의 이러한 청렴 정신은 오늘날 수많은 공무원들이 부정부패에 연루되어 감옥에 가는 우리의 현실에 비추어 볼 때 한 번쯤 깊게 새겨볼 내용이다.

바른길을 가라

정약용은 1782년 22세 때 과거를 치러 생원이 되었고, 1784년 정조의 부름을 받아 임금 앞에서 《중용》을 강의하면서부터 굴곡진 삶이 시작된다. 1789년 3월에 정조 앞에서 치른 전시에서 합격하여 초계문신의 칭호를 얻었다. 정7품의 가주서에 임명되어서는 배다리를 준공하고, 수원성 수축에 동원되어 설계를 맡았으며, 거중기를 제작해 공사 기간을 단축했다.

1794년 정5품의 성균관 직강에 임명되어 경기 암행어사로 활동하고, 1795년 정3품의 병조참의에 오른다. 하지만 이때 청나라 신부 주문모 잠입 사건이 발생해 충청도로 좌천되었다가 규장각 교서로 돌아왔으나 다시 황해도 곡산 부사로 밀려나기도 했다.

1799년 병조참지에 올랐으나 정적들은 그를 천주교인으로 몰아갔다. 이 때문에 다산은 해명서인 '자명소'를 제출하여 자신은 천주교에 관심이 있던 것이 아니라 서양의 학문과 지식을 얻기 위하여 서학에 접근했다고 항변했다. 그러나 결국 1800년 처자를 거느리고 낙향했다. 그 후 정조의 재촉으로 일시 상경하였지만 정조가 그해 6월에 죽는 바람에 다시 향리로 돌아왔다. 조정은 노론 세력이 완전히 장악하였고, 1801년에 신유사옥이 일어나 다산은 유배 생활을 시작하게 된다.

다산은 18년의 관직 생활을 통해 관리들의 부정과 부패를 경험하였으며, 강진의 유배지에서 당대 농민들이 처한 처절한 현실을 몸소 체험하고 조선의 개혁을 위해 우선적으로 요구되는 것이 관리들의 올바른 자세와 역할임을 깨닫게 되었다. 그 결과를 책으로 만든 것이 바로 《목민심서牧民心書》다.

《목민심서》란 '백성을 보살펴 주고 보호해 주며 편안하게 돌봐 준다'는 뜻의 '목민'과 '마음은 있으나 몸소 실행할 수 없기에 마음만 있는 책'이라는 '심서'를 합쳐 만든 이름이다. 다산이 유배 중인 상황에서 목민을 실천할 수 없는 자신의 처지를 나타낸 것이다.

《목민심서》가 나올 당시 조선은 임진왜란 이후 군사력 증강에 국력을 기울인 결과 국가 재정이 궁핍해져 사대부들에 대한 급여가 적었다. 따라서 관리들은 뇌물을 챙기는 등 부정부패가 더욱 심해졌으며, 관직을 돈으로 사는 매관까지 횡행했다. 돈으로 관직을 산 수령들의 수탈로 백성들의 삶이 도탄에 빠진 시기였다. 또한, 조정에서는 나라를 잘 다스리는 일보다도 당파싸움에 혈안이 되어 있는 등 나라가 몰락의 길을 걷던 시기였다.

《목민심서》는 다산 자신의 목민관 경험과 역사서, 사서오경 등 고전에서 백성을 다스리는 일과 관련된 자료를 뽑아 수록하고 해설을 덧붙인 책이다. 이는 어릴때 아버지의 관직 생활과 자신의 관리 생활 경험, 그리고 18년 유배 생활 동안의 체험과 당대 농촌 현실에 대한 객관적 분석, 그리고 중국과 조선의 방대한 역사적 자료에 근거하여 저술한 것이다.

지방 수령이 임명을 받는 과정에서부터 부임하여 각 분야의 행정을 담당하는 것, 그리고 임지를 떠나는 과정에 이르기까지 지방 수령이 해야 할 임무와 역할이 매우 세부적이고 구체적으로 담겨 있다. 또한, 각 지방의 수령이 현행 법 제도 아래에서 최선을 다하면 실행 가능한 각종 정책들도 폭넓게 제시되어 있다.

다산은 《목민심서》에서 국가가 존립하고 정치가 행해지는 목적은 국민을 잘살게 하는 데 있으며, 국민이 못살게 된다면 국가나 정치는 그 가치를 상실하게 된다고 하였다. 다산의 《목민심서》는 과거 공직자들이 갖춰야 할 덕목에 대해 잘 소개해 놓았다. 《목민심서》는 일종의 공무원 복무지침으로서 지방 관리들의 폐해를 제거하고 지방 행정을 쇄신하기 위해 지었다.

《목민심서》는 당시 목민관의 생활을 총망라하여, 크게 12강綱編으로 구분하고, 이것을 다시 각각 6조씩 세분하여 12강 72조로 되어 있다.

01. 부임육조赴任六條　　02. 율기육조律己六條　　03. 봉공육조奉公六條

04. 애민육조愛民六條　　05. 이전육조吏典六條　　06. 호전육조戶典六條

07. 예전육조禮典六條　　08. 병전육조兵典六條　　09. 형전육조刑典六條

10. 공전육조工典六條　　11. 진황육조賑荒六條　　12. 해관육조解官六條

《목민심서》

《목민심서》는 200년 전에 기술되었기에 오늘날과 비교해서 차이가 많다. 특히 당시에 대부분 고관을 왕이 임명하였지만, 지금은 선거직이 늘어나서 서로를 비교하기가 쉽지 않다. 그러나 관리의 자세나 백성을 다스리는 데 기준으로 삼을 수 있도록 만든 지침서이므로 많은 것을 배울 수 있다.

청렴을 기본으로 삼고, 국민을 섬기는 공직자의 자세는 결국 실천을 통해 완성되는 것이라고 다산은 말하고 있다. 베트남을 통일한 호찌민은 《목민심서》를 좋아하여 항상 끼고 다녔다. 호찌민은 《목민심서》에 나오는 백성을 사랑하는 마음과, 부정부패하지 않는 관리의 모습을 베트남 관리들도 본받아야 된다고 생각하고 자신들 휘하의 장병과 부하들에게 가르쳤다. 그뿐만 아니라 호찌민이 죽을 때 자기 머리 위에 《목민심서》를 놓아두라는 유언을 남겼다고 한다.

《목민심서》 서문

성현의 가르침에는 원래 두 가지 길이 있다. 사도司徒는 만백성을 가르쳐 각기 자신을 수양하게 하고 태학太學에서는 공경대부公卿大夫의 자제들을 가르쳐 각기 자신을 수양하게 하여 백성을 다스리게 하였으니 백성을 다스리는 것이 목민牧民이다. 그러므로 군자의 학문은 수신修身이 반이고 그 반은 목민이다.

솔선수범하라

다산은 "부하들을 통솔하는 방법은 위엄과 믿음을 갖추는 것뿐이다. 위엄은 절제 정신에서 생겨나고 믿음은 솔선수범에서 나온다."라고 하였다. 즉 좋은 관리가 되기 위해서는 스스로 몸가짐과 마음가짐을 바로 갖는 것이 중요하다는 것이다.

다산은 수령의 마음가짐과 몸가짐을 절도 있게 해서 위엄을 갖추어야 백성들이 본을 보고 따라 한다고 하면서 수령의 솔선수범을 강조하였다. 위엄이란 사전적 의미로 존경할 만한 위세가 있어 점잖고 엄숙한 태도를 말한다. 엄숙은 아랫사람이나 백성들을 너그럽게 대하는 동시에 원칙을 지키는 것을 통해 자연스럽게 나타난다. 다산의 이러한 사상은 정조라는 정치적인 거목을 통해서 굳어진 결과라 할 수 있다.

정조는 평생 대의大義를 위하여 위엄을 가지고 개혁에 대한 솔선수범을 몸소 실천한 조선의 개혁적인 왕이었다. 정조의 개혁은 조선의 르네상스라고 불릴 만큼 격동적인 것이었다. 정조의 개혁은 여러 학문적 업적과 새로운 학문적 기풍을 마련하는 단초를 마련했다. 또한, 백성을 살피며 생활에 지장을 주지 않으려 노력하는 어버이로서의 왕의 모습을 보여주었다. 그렇지만 정조의 개혁은 노론이라는 거대한 산을 완전히 넘지 못하였다. 비록 정조 사후에 모든 개혁 정책이 중지되었지만, 조선이 새롭게 변화할 수 있는 기틀을 마련하는 계기가 되었다는 점에서 중요한 역사적 의의를 지닌다고 할 수 있다.

정조는 이상을 좇는 군주였다. 나라와 백성을 위하는 군주였고, 불합리에 맞서려 했고, 어떤 벽에 부딪혀도 도망치지 않으려 했다. 역사에 만약이란 단어는 없지만, 만약 정조가 요절하지 않았다면 조선은 그렇게까지 급격히 몰락하지 않았을 것이고, 조선 후기의 혼란상은 다른 모습으로 나타났을 것이다. 다산은 정조와 끝까지 조선의 개혁을 이루고 싶었지만 운명은 용납하지 않았다. 그러나 정조의 삶을 통해서 다산은 한 국가를 이루는 리더의 고뇌를 보면서 리더가 갖추어야 할 정신을 배웠다.

다산은 정조를 통해서 모름지기 리더가 되기 위해서는 어디까지나 군림자가 아니라 봉사자가 되어야 함을 배웠다. 봉사자로서 리더가 되기 위해서는 백성들을 위하는 일이라면 어떠한 일이든지 해야 한다고 하였다. 다산은 관리의 리더십으로만 솔선수범이 중요하다고 본 것이 아니라 자녀 교육이나 학문을 하면서도 솔선수범이 중요하다는 것을 강조하였다.

다산은 36세에 황해도 곡산 부사로 부임했을 때 두 아들을 위해 두 수레 가득 책을 싣고 와 '서향묵미각書香墨味閣 : 책의 향기와 먹의 맛이 있는 방'이라고 이름 붙인 공부방을 직접 꾸며주면서 자녀에게 공부할 수 있는 분위기를 만들어 줬다. 다산은 스스로 공부하는 모습을 보임으로써 자녀들에게 공부가 인생을 결정하는 중요한 요인이 된다는 것을 몸소 보여 주었다. 다산은 강진으로 귀향을 가서도 한양에 두고 온 아들들이 절망적인 상황에서 공부를 하지 않고 방황하고 있는 사실을 알고, 매일 편지를 써서 자녀들에게 공부를 종용했지만 자식들은 따르지 않았다. 이에 다산은 자식들을 불러 직접 글을 가르치며 같이 공부를 해나갔다.

다산은 성호 이익의 종손인 이가환과 교류하면서 성호의 인품과 학문을 존경하여 평생을 사숙私淑*하였다. 성호는 진주 목사를 지낸 아버지가 귀양살이를 한 평안도 영산에서 태어났는데, 이듬해 부친이 사망하고 둘째 형 이잠마저 자신이 올린 상

---

* 사숙(私淑) : 존경하는 사람에게 직접 가르침을 받지는 않았으나, 마음속으로 그 사람의 도(道)나 학문을 본받아서 배우는 것을 이르는 말

소로 인해 목숨을 잃었지만 개인적 불행을 극복하고 학자로 우뚝 선 인물이다.

다산은 학문적으로 성호 이익을 '역할 모델'로 삼았지만 강진에 가서는 자신의 처지와 같아서 더욱 존경하게 되었고 닮기를 원하였다. 실제로 다산은 불우한 환경과 악조건에서 학문을 게을리하지 않고 자신을 일으켜 세운 성호에 대한 이야기를 두 아들이나 제자들에게 자주 들려 줬다. 결국 다산은 성호의 뒤를 따랐으며 학문에 정진하여 대학자가 됐다. 다산의 이러한 삶은 후세 사람들에게도 영향을 주었다. 다산이 직접 만나서 배움을 갖지는 않았지만 성호를 평생 사숙하는 솔선수범을 보였듯이 다산을 연구하고 사숙하는 사람들이 늘어가고 있다.

오늘날 스승을 존경하지 않는 풍토에서 직접 배우지도 않았음에도 평생을 스승으로 모시면서 존경한 다산의 일화는 큰 교훈이 되어야 할 것이다.

2장

다산에게
창의력을 묻다

흔히 '르네상스형 인간'의 전형으로 알려진 레오나르도 다빈치는 오늘날 우리가 꿈꾸는 이상적인 인재상에 가깝다. 알 듯 모를 듯한 미소를 머금은 '모나리자'를 그린 화가였으며, 현대의 헬리콥터나 기관총, 탱크의 원형을 디자인하기도 했던 과학자이자 발명가였다. 그의 예술성과 창의력은 그가 살던 500년 전 이탈리아보다 오늘을 사는 우리에게 더 필요하기에 그의 업적은 지금도 신선한 느낌으로 우리 마음에 다가온다.

과학과 예술은 '창의력'이라는 필수 영양분을 먹고 자란다. 창의력이란 기존에 없던 무언가를 새롭고 독특한 것으로 만들어내는 능력을 말한다. 흔히 창의성 하면 '엉뚱하고 기발한 아이디어'를 연상하지만 창의력은 이보다 훨씬 포괄적인 개념이라 할 수 있다. 창의성 없는 과학자는 훌륭한 연구를 해낼 수 없고, 창의력 없는 예술가는 불후의 명작을 남기지 못한다. 그렇기 때문에 창조적인 인재를 키워내고 창의력이 존중되는 사회적 분위기를 만들어가는 것이야말로 국가 경쟁력을 키우고 풍요로운 삶을 이루는 근간이 된다.

우리나라에서도 과학과 예술의 공통점을 인지하고 두 분야간의 상호협력을 통해 시너지 효과를 만들어 내려는 시도가 정부와 민간 차원에서 지속적으로 이뤄지고 있다. 예술가들이 연구소에 상주하면서 과학자와의 교류를 통해 과학 발전의 사회적 의미를 예술작품으로 승화시킨 전시회가 개최되기도 했다.

다산 정약용은 문학·예술 방면에도 뛰어난 재능을 가졌다고 알려져 있다. 그는 경계를 넘나드는 창의성을 가진 인재의 표상이다. 현재 북극에 설치돼 있는 우리나라 극지 연구소가 그의 호를 딴 '북극 다산 기지'로 명명된 것도 그의 과학적 능력과 업적을 인정했기 때문이다. 우리 사회를 이끌어나갈 창의적인 인재는 결코 하루아침에 생겨나지 않는다. 창의적인 인재는 경계를 넘나드는 폭넓은 지식과 경험을 통해서만 가능하다. 다산은 오랜 기간 책을 쓰면서 해박한 지식을 습득함은 물론 부단한 탐구 정신으로 경험을 만들었다.

오늘날은 자고 일어나면 새로운 기기들이 출현하고, 제도가 만들어져 우리를 놀라게 한다. 꿈만 꾸면 이루어지는 창의 혁명이 주도하는 세상이 온 것이다. 미래 사회를 이끌어갈 인재는 바로 창의성을 가진 인재만이 남들과 다른 생각으로 우리의 미래를 이끌어 가는 것이다. 세계 속에서 한국의 경제 성장을 지속적으로 이끌고 세계 최고를 만들기 위해서 절실히 필요한 것이 창의성을 가진 인재를 양성해야 하는 이유이다.

이러한 시기에 선진 한국의 풍요로운 미래를 견인할 창의적인 인재 육성을 위해 다산 정약용과 같은 '창의 인재 만들기 프로젝트'를 시작해야 한다.

쓸모 있는 학문이
백성을 살린다

실학實學은 원래 명나라 말기에 서구 과학의 전래와 청나라 초기에 한족의 민족 문화 운동 또는 경전 재정리를 통하여 청조 타파와 한족 국가의 부흥을 위해서 일어난 고증 학풍이 학문으로서의 체계를 세워 만들어지게 된 것이다.

실학의 뜻은 실사구시지학實事求是之學의 줄임말로 실제적인 사물에서 진리를 찾아낸다는 뜻이다. 실사구시지학의 출처는 반고가 지은 《한서》 중 "학문을 닦는 데 옛것을 좋아했으며, 일을 참답게 하여 옳음을 구했다修學好古 實事求是."에서 따온 말이다.

실학이 우리나라에 유래된 것은 17세기 후반이며, 19세기 들어와서는 사회 전반에 걸쳐 광범위하게 진행되었다. 실학은 조선이 오랑캐라 배척하던 청나라에서도 배울 것은 받아들이자는 취지에서 청나라의 문물을 적극 수용하여 부국 강병과 이용후생에 활용하기 위해 도입하였다. 그래서 실학파를 다른 말로는 이용후생학파 또는 북학파라고도 부르며, 이들은 조선의 암울한 현실을 개혁하려고 노력하였다. 특히 18세기 후반 영조·정조 시대에는 상공업의 발전과 기술 혁신을 주장하는 실학자들이 많이 나타났다.

우리나라에서 실학을 가장 먼저 시작한 사람은 반계 유형원으로 《반계수록》을 지었으며, 그를 계승한 성호 이익은 《성호사설》을 지어 조선 사회의 현실적인 문제들을 날카롭게 비판하고, 새로운 개혁을 제안하였으며, 그들의 미래에 대한 이상과 꿈을 제안하였다. 이들의 영향을 받아 이수광·정약용·이덕무·박지원·신경준 등의 학자가 동시에 일어나 실용적인 학문을 주장하였다. 다산은 특히 유형원, 이익의 영향을 받아 실학을 계승하고 집대성하였다.

실학자들은 통치 제도·신분 제도·상공업·과학 기술·지방 제도·과거 제도·학제學制·병제兵制·관제 등 정치·경제·사회 각 분야의 제도를 개선하여 임진왜란·병자호란으로 인한 절박한 민생 문제와 사회 문제를 해결하자는 데 목표를 두고 활동하였다. 이로 인해 조선 사회는 실학으로 인하여 지금까지의 주자학朱子學의 관념적 세계에서 벗어나 온갖 민생 문제와 사회 문제를 실질적인 방법으로 해결하여 다 같이 행복한 생활을 하자는 데 목적을 두었다. 결국 실학은 백성에게 쓸모 있는 유용한 학문으로서 자리를 잡으며 조선의 르네상스 시기가 된 것이다.

다산에게 있어 실학은 더욱 의미가 있었다. 정조의 총애를 받고 정조 옆에서 자신이 공부한 것들을 펼치기를 원했으나 세상은 다산에게 다른 임무를 주었다. 그것은 자신이 공부한 것을 백성을 위해서 쓰라는 사명을 준 것이다.

실제로 다산은 강진에 유배를 가서 자신이 열심히 공부했던 이유를 새삼 깨닫게 되고 다시 책을 읽고 글을 쓰기 시작하였다. 다산은 자신이 쓴 책으로 말미암아서 조선의 젊은이들이 변화하고 세상을 변화시키려고 노력하였다. 그래서 다산은 한 가지 분야의 책만 쓴 것이 아니라 현실의 개혁을 위해서 지방관을 비롯한 관리의 올바른 마음가짐 및 몸가짐에 대해 기록한《목민심서》, 국정國政에 관한 일체의 제도 법규의 개혁에 대해 논한《경세유표》, 형옥刑獄에 관한 법정서法政書, 실무 지침서인《흠흠신서欽欽新書》등을 편찬하였으며, 지리 분야에서는 한반도 북부 지방의 하천의 연혁을 고증한《조선수경朝鮮水經》, 우리나라 강토의 역사를 각종의 문헌에서 기록을 뽑아 고증한《아방강역고》등을 편찬했으며, 의학 및 생물학 분야에서는 마진홍역에 대한 연구를 진전시키고 이 분야의 의서를 종합하여《마과회통》을 편찬하였다.

과거에는 품질Quality, 속도Speed, 비용Cost이 경쟁력의 중요

요소였다. 그러나 창의성의 시대에는 이 같은 역량만으로 부족하다. 시장에 내놓는 제품과 서비스가 얼마나 '의미 있고 Meaningful', '가치 있으며Valuable', '독특한가Unique'가 더 중요해지고 있기 때문이다. 아무리 뛰어난 품질과 비용 우위를 가진 제품이라 할지라도 의미, 가치, 그리고 개성 면에서 창의적이지 못하다면, 그 제품은 고객의 눈 높이를 맞출 수 없고 고객의 마음속에 울림을 주지 못해 시장으로부터 외면받게 된다.

다산에게 있어서 실학은 백성과 소통의 기회를 삼은 것이다. 자신이 공부한 것을 백성에게 가치 있고, 의미 있는 지식으로 환원하여 사회의 변화를 통해 백성에게 행복한 세상을 만드는 꿈을 꾼 것이다. 그는 이러한 꿈을 그의 저서를 통해서 표현하게 되었고, 이러한 목표 의식으로 인해 그는 강진의 유배를 즐길 줄 아는 여유를 가지게 된 것이다. 다산의 저서들이 다른 책들보다 경쟁력을 갖는 것이 바로 이처럼 의미 있고, 가치 있으며, 독특했기 때문이라고 할 수 있겠다.

18세기를 전후하여 크게 융성하였던 실학사상은 실증적, 민족적, 근대 지향적 특성을 지닌 학문으로서 19세기 후반에 개화사상으로 이어졌다.

백성에 대한 사랑으로
솜 타는 기계를 만들다

　다산은 살면서 백성을 배려하는 마음이 당대의 그 어느 누구보다도 지극하였다. 실제로 백성을 배려하는 다산의 마음을 느낄 수 있는 사례가 두 가지 있다.

　정약용의 집에 세 들어 사는 천만호라는 사람이 있었다. 천만호는 하루하루의 끼니를 걱정할 만큼 사는 것이 어려웠다. 다산은 같이 사는 천만호가 하루 끼니조차 해결하지 못하는 것을 매우 안타까워했다. 그래서 며칠을 생각하며 천만호가 돈을 벌 수 있는 방법을 연구하였다. 다산은 천만호를 위하여 솜 타는 기계를 구상하고, 공부를 뒷전으로 두고 몇 달 동안의 노력 끝에 솜 타는 기계를 완성시켰다. 결국 천만호는 솜 타는 기계로 돈을 벌게 되었고, 고마움을 표시하기 위해 정약용을 찾았다.

"소인이 돈을 버는 것은 다 서방님 덕분입니다요. 다만, 얼마 되지 않지만 서방님께서 알아 써주십시오."라면서 돈을 주었다.

그러나 다산은 자신은 그저 작은 도움을 주었을 뿐이며, 자기와는 무관하다고 말하면서 거절하였다.

다산이 임금의 명을 받고 경기 암행어사로 길을 가다가 산적을 만난 적이 있다. 다산은 도망을 가도 되었지만, 도대체 백성이 어떠한 삶을 살고 있으며, 산적으로 사는 백성의 삶이 하도 궁금하여 산적을 따라 그들의 소굴까지 가게 되었다. 과학자로서 삶의 현장을 직접 확인하고 체험하기 위함이었다.

우리는 이 두 사례를 통해서 다산에게서 배울 것이 세 가지가 있다.

첫째는, 백성을 위하는 마음이 너무 따뜻했다는 것이다. 자신은 양반으로서 어느 정도의 삶을 유지할 수 있었지만 대다수 백성의 삶이 궁핍하고 어려운 사람이 많았다. 그러한 백성을 보면 쉽게 넘어가는 법이 없이 무엇인가를 도와주려는 마음을 가지고 있었다. 다산은 자신에게 주어진 권력에 안주하는 다른 관리들과는 달랐다. 그토록 왕의 신임과 총애를 누리면서도 권력을 이용할 생각보다는 항상 백성 편에 서서 판단했고, 위민하는 마음으로 정치를 하였다.

둘째는, 자신이 공부하던 경학이나 유학을 잠시 접어 두고 어렵게 사는 백성을 위하여 먹고 살 수 있도록 솜 타는 기계를 만들기 위해 노력하였고 결실을 보았다는 것이다. 일반적으로 공부하는 사람은 학문적으로 모든 것을 해결하려고 하여 실천적이지 못하지만 다산은 공부한 것을 바탕으로 실천적으로 사용하려 하였다. 이것은 다산이 기존의 학자라는 고정관념을 깨고 새로운 생각을 할 수 있는 창의성을 가지고 있었기 때문에 가능한 것이었다.

셋째는, 다산은 일생을 살면서 본인이 부당하다고 생각하는 일에는 절대 물러서는 법이 없었으며, 조그만 감사의 표현도 거절하였다. 이러한 강직한 삶은 청렴한 관리가 될 수 있는 기본이 되었으며, 정조의 총애를 받기에 충분하였다. 그러나 너무 깨끗한 다산의 성품은 주변 사람들에게 시기와 질투를 가져와 불리한 상황으로도 돌아왔지만 다산은 굽히지 않았다. 결국 다산은 당파싸움의 소용돌이 속에서 오직 천주교를 믿었다는 죄목으로 유배를 가게 되었다. 다산의 이러한 청렴결백한 정신과 실천은 죽고 나서 더욱 존경을 받고 있다.

다산이 그토록 창의적일 수밖에 없던 이유는 백성 한 사람 한 사람을 사랑하고 그들의 삶을 직접 체험하여 경험하였던 결과이다. 천만호나 산적들의 삶을 이해하고 체험하려 하였듯이 모든 백성과 끊임없이 소통하려 했던 다산의 노력과 정성에 창의적인 발상은 생활 그 자체가 되었던 것이다.

결국 다산이 가진 창의성의 근본은 백성을 배려하는 마음에서 시작되었고, 백성에 대한 배려와 애정이 우리의 생활에 실용적인 학문인 실학을 만드는 기본이 된 것이다. 또한, 백성을 사랑하고 청렴결백한 관리가 되어서 자신의 경험을 담은 관리의 교과서와 같은 《목민심서》를 집필하는데 기본이 된 것이다.

새로운 공법으로
화성을 만들다

"참으로 아름답고 장대하다. 다만, 사치스러워 보일까 두려워한다. 미려한 아름다움은 적에게 위엄을 보여준다."

1797년, 정조는 완공된 수원 화성을 보고 이렇게 말했다. 수원은 정조의 아버지인 사도세자의 죽음 이후 그의 정치적 이상을 완성하기 위하여 만들어진 계획 도시다.

사도세자는 영조의 둘째 왕자로 세자에 책봉되었으나 당쟁에 휘말려 왕위에 오르지 못하고 뒤주 속에서 생을 마감하였다. 정조는 아버지를 죽음으로 몰고 간 당쟁을 싫어하였으며, 유난히 아버지에 대한 효성이 극진하였다. 정조는 사도세자의 묘를 양주 배봉산에서 조선 최고의 명당인 수원의 화산으로 옮겼다. 그리고 화산 부근에 있던 고을을 수원의 팔달산 아래 지금의 위치로 옮기면서 수원 화성을 만들게 하였다.

정조는 아버지 사도세자에 대한 애절한 효심을 표현하기 위하여 수원 화성 축성을 결심하였다. 또한, 자신의 아버지를 죽게 한 지긋지긋한 당쟁을 멈추고 싶은 강한 의지를 표현하고, 수도 남쪽의 국방을 담당하는 요새가 필요했는데, 그것이 바로 수원 화성의 축성이었다.

정조가 수원을 선택한 이유는 수원이 명당이기도 하지만, 수원은 말 뜻 그대로 '물 많은 평원'으로 농업이 활발하던 지역이었기 때문이다. 그래서 수원에서는 물 관리를 위해서 저수지와 유수지의 본격적인 수리 사업이 펼쳐졌다. 또한 수원은 중국, 일본과의 물자 교류가 활발한 지역이었고, 육로 또는 한강을 통해 수로로 들어오는 물자의 유통 요지이기도 했다. 따라서 정조는 신도시만 짓는 것이 아니라 생업을 가진 안정된 정착 인구를 유치하고 동시에 환경을 보전하려는 생각을 가지고 있었다. 그래서 경제, 산업, 정치, 국방, 기술, 문화 등 다각적인 정책이 수원 화성에 반영됐다.

정조는 수원 화성을 통해서 조선조 후기 르네상스 시대의 꽃을 활짝 피우고, 당파 정치 근절과 함께 강력한 왕도정치를 실현하고자 하였다. 결국 수원 화성은 정조의 원대한 정치적 포부가 담긴 정치 구상의 중심지였던 것이다. 정조는 원대한 꿈을 이루어줄 사람이 필요했는데 그가 바로 다산이었다. 정조는 당시 규장각 문신이었던 다산에게 수원 화성을 만들도록 지시하였다.

다산은 정조의 명을 받들기는 하였지만 한 번도 성을 축조해 본 적이 없기 때문에 당황스러울 수밖에 없었다. 그러나 그는 번득이는 창의력을 가지고 있었기 때문에 자신감을 가지고 바로 학습을 시작하였다. 먼저 다산은 자신만의 독특한 성을 짓기 위하여 규장각 내에 있는 동서양의 성을 건축하는 관련 서적들을 참고로 하여 《성화주략》1793년이라는 책을 지었다. 수원 화성은 《성화주략》을 근거로 재상을 지낸 영중추부사 채제공을 총괄로 임명하고, 조심태의 지휘로 1794년 1월에 착공에 들어가 1796년 9월에 완공되었다. 수원 화성을 축조할 때 공기를 단축하기 위하여 다산은 거중기나 녹로와 같은 건축 기구를 특수하게 고안·사용하여 장대한 석재 등을 옮기며 쌓는 데 이용하였다.

수원 화성은 중국, 일본 등지에서 찾아볼 수 없는 평지와 산을 이어 쌓은 평산성의 형태로 되어 있으며, 고구려의 평양성, 백제의 사비성에서 아이디어를 얻었다. 수원 화성은 일반적인 성이 군사적 방어 기능만을 보유하고 있는 데 비해 군사적 방어 기능과 상업적 기능을 동시에 보유한 다기능 성이라고 할 수 있다. 수원 화성은 기능만 복합적인 것이 아니라 과학적이고 실용적인 구조로 되어 있다. 외형도 조선의 다른 성에 비하여 동양 성곽의 백미를 자랑할 정도로 아름답다.

화성의 성벽은 돌로 외측만 쌓아올리고 내측은 자연적인 지형인 산을 이용해 흙을 돋우어 메우는 축성술로 자연과 조화를 이루는 성곽을 만들었다. 성벽도 기존의 성은 돌들을 쌓아 만들었지만, 수원 화성은 돌을 맞추어 끼워 넣는 방법으로 축성되어 다른 성에 비하여 튼튼하고 미관도 좋다.

현재 수원 화성은 200년 전 축성 당시의 모습을 거의 원형대로 보존되어 있을 뿐 아니라, 북수문화홍문을 통해 흐르던 수원천이 현재에도 그대로 흐르고 있다. 수원성은 크게 팔달문과 장안문, 수원 화성행궁과 창룡문이 주요 골격으로 구성되어 있다. 내부 가로망은 이들 건축물들을 연결하고 있으며, 현재에도 그대로 현존하고 있다. 축성의 동기가 군사적 목적보다는 정치·경제적 측면과 부모에 대한 효심으로 성곽 자체가 '효' 사상이라는 동양의 철학을 담고 있어 문화적 가치 외에 정신적, 철학적 가치를 가지는 성으로 이와 관련된 문화재가 잘 보존되어 있다.

수원 화성은 210년 전 다산의 설계를 바탕으로, 다산이 고안한 거중기를 이용해 건축한 우리의 세계문화유산이다. 더욱이 벽돌과 돌의 사용, 현안*·누조**의 고안, 거중기의 발명, 목재와 벽돌의 조화를 이룬 축성 방법 등은 동양 성곽 축성술의 결정체로서 희대의 수작이라 할 수 있다.

---

*현안 : 성벽을 기어오르는 적병에게 끓는 물을 쏟아 붓기 위하여 위에서 아래로 군데군데 낸 홈
**누조 : 성의 바깥문 위에 지은 다락집 둘레에 모인 물이 흘러내리도록 판 홈

| 수원 화성

　그러나 무엇보다도 수원 화성이 갖는 역사적 의미는 지금까지의 학자들이 벌인 철학적 유교 논쟁에서 벗어나 백성의 현실 생활 속에서 학문을 실천하는 방법을 찾으려고 노력한 실학사상이 바탕이 되었다는 것이다. 특히 당대 학자들이 충분한 연구와 치밀한 계획이 있었으며, 그 중심에는 다산이 있었다. 화성은 당대 기술의 집대성이자 신기술 개발의 촉매였다. '규장각'에서 키워진 많은 합리적 학자들, 인문적 상상력뿐 아니라 기술적 현실 감각을 가진 학자들이 현장에서 기량을 펼쳤다. 결국 수원 화성은 다산을 중심으로 동서양 축성술을 집약하여 축성하였기 때문에 그 건축사적 의의가 매우 크다.

　수원 화성의 또 다른 의미는 건설 보고서인 《화성성역의궤》

를 순조 1년에 발간하였다는 것이다. 《화성성역의궤》는 그 당시 세계 어디에도 없는 독특한 보고서로 공사에 들어간 인력, 재료, 물량, 시간까지 기록하고 참여했던 모든 사람의 이름과 방법을 밝히고 글과 그림을 조합하여 기술을 설명한 것이다. 《화성성역의궤》는 공사에 관련된 사항을 모두 기록한 보고서로서 공사 '실명제'를 하였다는 귀중한 의미를 담고 있다.

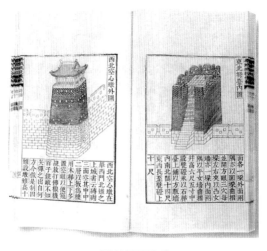

《화성성역의궤》

화성 건설은 그 과정과 마무리까지 지금의 우리가 다시 들여다보아야 할 건축 교과서와 같다. 우리는 다산의 수원 화성 신도시 건설에서 21세기 신도시 건설의 방법과 비전을 배워야 한다. 지난날 다산이 그러했던 것처럼 21세기 신도시는 미리

차근차근 계획을 세우고 경제, 산업, 기술, 정치, 문화의 총 집합으로 이루어져야 한다.

최동주 현대산업개발 사장은 어느 신문과의 인터뷰에서 "문화가 없는 건설회사는 경쟁력이 없다."라고 했다. 문화적 상상력과 고정관념을 깨는 창의성이 있어야 새로운 부가가치를 창출할 수 있다. 수원 화성이 돋보이는 것은 수리 기술, 축성 기술, 전돌 생산 기술 등을 총집결하여 튼튼하고 효율적일 뿐만 아니라 아름다운 문화 도시이기 때문이다.

정조는 수원에 이를테면 '물류 단지'를 조성하고 그 물류 사업 운영에 대한 사업 인센티브를 주어 '국제적 상업 도시'로서의 기틀을 마련했다.

정조는 수원 화성을 '제2 행정 도시'로 만들고자 했고, 행정 신수도로 만드는 구상도 깔려 있었다는 짐작도 가능하다. 상당한 행정 기능을 부여해서 한양에 집중된 권력을 분산시키는 동시에 수원 화성에 걸맞은 행정 위상을 부여하고자 했다. 그리고 수원 화성은 국방의 요충지로도 활용하려 하였다.

효율성으로 거중기를 만들다

다산은 공부만 해온 학자이면서도 수원 화성 축조에서는 거중기를 만들어 사용한 과학자다. 다산은 당시 일일이 돌을 쌓아 만들어야 하는 축성 공법에 백성들의 노고를 덜어주며 건설비용을 절감하는 방안을 모색하고자 거중기를 만들었다. 거중기는 무거운 돌이나 물체를 쉽게 들어 올리는 데 사용한 기계로, 주로 건축 토목공사에 쓰였다.

수원 화성의 건설은 당초 10년 정도 걸릴 것으로 보았는데 예정보다 훨씬 단축된 34개월이 걸렸다. 그나마도 중간의 6개월 정도 공사를 쉰 것을 감안하면 28개월만에 마무리한 것이다. 이와 같이 빨리 건설될 수 있었던 것은 설계 계획의 치밀함에도 있지만, 첨단 건설 기계가 도입되었기 때문이다.

장비의 종류와 공사장에 투입된 숫자가 명시된《화성성역의궤》를 보면 축성에 동원된 기계 장비는 모두 10종류였다. 거중기 11량, 유형거 11량, 대거 8량, 별평거 117량, 평거 76량, 동거 192량, 발거 2량, 녹로 2좌, 썰매 9좌, 구판 8좌이다.

대거, 평거, 발거는 소가 끄는 수레로 대거는 소 40마리, 평거는 소 열 마리, 발거는 소 한 마리가 끌었다. 별평거는 평거에 바퀴를 단 것으로 보인다. 동거는 바퀴가 작은 소형 수레로 사람 넷이 끌어 사용했으며, 썰매는 바닥이 활처럼 곡면을 이루어 잡아끄는 기구이고, 구판은 바닥에 둥근 막대를 여러 개 늘어놓고 끌어당기는 작은 기구이다.

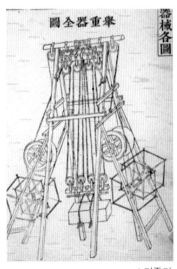

| 거중기

화성 건축에 사용된 기구 중 가장 대표적인 것이 현대의 기중기와 같은 용도의 거중기이다. 거중기의 유용성은 적은 힘

으로 큰 물건을 들어 올림으로써 인력을 절약할 수 있었고, 무거운 물건이 떨어지는 사고로 인한 인명 피해를 줄일 수 있었다는 점이다. 사람이 직접 밧줄로 무거운 물건을 들거나 움직일 때 잘못해 손에서 밧줄을 놓치는 경우, 물건이 떨어져 파괴되거나 사람에게 큰 피해를 줄 수 있다. 거중기는 이러한 위험을 예방할 수 있어 수원 화성 건설에서는 작업 능률을 4~5배로 높일 수 있었다.

화성 축성 과정에서 각종 기계 장비가 적극 활용된 이유는 다산과 같은 실학자가 공사에 참여했기 때문이다. 거중기가 발명되기 전에는 성을 쌓을 때 무거운 돌을 운반하여 백성들이 힘이 들었을 뿐만 아니라 시간이 많이 걸렸다. 그러나 거중기가 발명되고 난 후에는 무거운 돌을 쉽게 운반하여 성을 쌓을 때 드는 힘과 시간을 절약할 수 있었다.

다산은 정조가 중국에서 들여와 자신에게 하사한 《기기도설奇器圖說》이란 책을 참고하여 거중기를 개발하였다고 한다. 《기기도설》은 중국에 와 있던 서양 선교사가 쓴 과학기술 서적이다. 다산은 성을 쌓는데 백성들의 노고를 줄여 주고 싶었고, 정조가 그렇게 바라던 수원 화성의 축성 시간을 줄이기 위하여 거중기 등의 성 쌓는 도구들을 발명해 내는 위업을 성취할 수 있었다.

학문 공부에 매진하였던 다산이 거중기를 개발할 수 있었던

것은 바로 창의력이 바탕이 되었기 때문이다. 다산이 가진 창
의력의 바탕을 보면 중국과 조선의 고전에 해박하였으며, 여
기에 서양의 과학사상과 실학사상을 근거로 한 실용주의적 논
리가 합해져 있었다. 이처럼 다산은 충분한 배경 지식을 바탕
으로 실용적인 것을 추구하여 새로운 거중기를 발명하게 된
것이다.

편리성으로 유형거를 만들다

거중기擧重機 · 녹로轆轤와 함께 다산이 수원 화성을 축조할 때 새로 고안한 발명품으로 유형거가 있다. 기존의 큰 수레는 바퀴가 너무 크고 투박해 돌을 싣기 어렵고, 바퀴살이 약해 부러지기 쉬우며, 만드는 데 비용이 많이 드는 단점이 있었다. 또 썰매는 몸체가 땅에 닿아 밀고 끄는 데 힘이 들어 이 둘의 단점을 보완하기 위해 유형거를 만들었다.

다산이 만든 유형거의 특징은 바퀴가 재래식 수레바퀴보다 작고, 바퀴살 대신 서로 엇갈리는 버팀대를 대 바퀴가 튼튼하다. 또한, 바퀴와 짐대 사이에 반원 모양의 부품인 복토를 덧대 수레바닥의 높이가 높고, 수레가 앞뒤로 오르내릴 수 있도록 제작되었다. 특히 저울의 원리를 이용한 복토는 수레의 무게 중심을 평형으로 유지시켜 수레가 비탈길에서도 빠르고 가볍게 움직이게 하는 역할을 하였다. 화성 축성 당시 정약용이 만든 유형거의 정확한 모습은 아직까지 확인되지 않고 있다. 그러나 《화성성역의궤》를 보면 당시의 일반 수레 100대가 324일 걸려 운반하는 짐을 유형거 70대로 154일 만에 운반하였다는 기록이 남아 있어 유형거의 성능을 짐작할 수 있다.

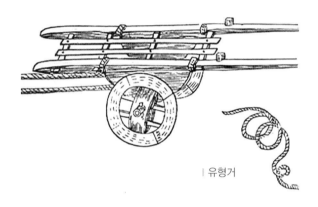

| 유형거

　근대에 와서 다산과 같은 창의력을 가진 사람이 있다. 바로 고 정주영 현대그룹 명예회장인데, 그의 발상력과 창조력은 누구도 따를 수 없을 정도로 유명하다.

　정회장의 기발함은 서산 간척지를 만들 때 사용된 유명한 '유조선 공법'을 통해서 유감없이 나타났다. 1980년대 초, 서산 앞바다에 간척지를 개간할 때 방조제를 만들어 가다 마지막 물막이를 막는 공사가 진행 중이었는데, 서해안은 조수 간만의 차가 너무 커 20만 톤 이상의 돌을 구입해 매립해야만 물막이가 가능한 곳이었다. 그러나 그렇게 큰 돌을 구하는 것도 문제였지만 운반을 해오는 것도 어려운 일이었다. 직원들은 불가능하다고 생각했으며 공사는 난관에 봉착하게 되었다.

이때 정 회장은 "간척지 최종 물막이 공사는 인력으로는 감당하기 어려운 공사며 설사 인력으로 한다 하더라도 그 엄청난 비용이 문제"라며 "밀물과 썰물 때의 빠른 물살을 막기 위해 폐유조선을 침하시켜 물줄기를 차단 내지 감속시킨 다음 일시에 토사를 대량 투하하면 물막이 공사를 완성할 수 있다."라고 제안했다.

유조선 공법에 대한 실행 여부를 현대의 기술진이 면밀하게 분석한 후 성공 가능성이 높다고 판단되자 정 회장은 1984년 2월 24일 직접 유조선에 올라 최종 물막이 공사를 진두지휘했다.

나중에 '정주영 공법'이라고 불린 이 공사법은 공사 기간도 9개월 단축시켰고 공사비용을 280억 원이나 절감했다. 방조제 공사의 전문가들도 도저히 생각하지 못한 방법을 정 회장은 쉽게 제안하게 되었고, 정 회장의 생각대로 공사는 성공리에 끝났다.

우리는 무언가를 시도하거나 만들 때 남들이 기존에 썼던 방법만을 사용하고자 하지 무언가를 새로 만들어서 일을 해야겠다는 생각을 쉽게 하지 못한다. 아이들에게 공부를 시킬 때도 주어진 것 중에서 해답을 고르는 방법은 창의력을 기르는 데는 그다지 효과적인 방법이 아니다.

화성 건설에 거중기나 유형거와 같은 갖가지 첨단 건설 기계가 도입됨으로써 매우 빠른 속도로 공사가 마무리되었다. 수원 화성 자체가 다산과 정조의 합작품이었지만, 첨단 기계의 도입은 그것을 더욱 빛나게 해주었다. 수원 화성이라는 새로운 개념의 도시를 만들기 위해서는 새로운 공법이 시도되어야 하고, 그것을 이루고자 노심초사하는 다산의 창의력은 더욱 촉진되었다. 창의력은 하고자 하는 마음에서 시작된다. 다산은 수원 화성을 새롭게 만들어 빨리 백성들을 편안하게 해야겠다는 목표가 생겼고, 그로 인해 거중기나 유형거와 같은 다양한 기계를 고안 발명하여 목표를 이룰 수 있었던 것이다.

분석력이 배다리를 놓다

조선 시대까지 당시의 기술력이 부족하여 폭이 넓은 강에는 다리를 설치하지 못하였다. 그래서 나루터를 두고 나룻배로 건너다녀야 했다. 폭이 넓은 강에 다리를 설치하는 것은 나무나 돌로 다리를 가설하던 당시의 기술로는 쉽지 않았다. 그러나 당시 다리를 설치하지 않은 것은 이러한 기술 수준의 차이도 있었지만, 적의 외침에 소극적인 방어 전략으로 강을 사용하였기 때문이다. 당시에는 적에 대항할 충분한 국방력을 갖추지 못했기 때문에 일부러 다리를 설치하지 않고 소극적인 방어 전략을 사용했던 것이다.

이러한 입장에서 강과 같은 천연적인 방어 수단에 다리를 놓는다는 것은 자칫 이적 행위가 될 수도 있어 적극적으로 다리를 축조하지 않았다. 그래야 시간을 벌어 다른 나라에 원병을 청하기도 하고 또 임금이 안전한 곳으로 피난할 수 있기 때문이다.

강에 다리를 상시적으로 놓지는 않았지만 임시적으로 놓는 경우는 역사 속에 여러 번 있었다. 이렇게 임시적으로 놓는 배를 주교舟橋 또는 배다리라고 한다. 배다리라는 것은 배를 엮어서 그 위를 다리처럼 만드는 것을 말한다.

우리 역사를 보면 주교의 역사는 고려부터 시작한다. 기록에 의하면 고려 정종 1년1045년에 임진강에 가설되었는데, "선교船橋가 없어 행인이 다투어 건너다 물에 빠지는 일이 많으므로 부교浮橋를

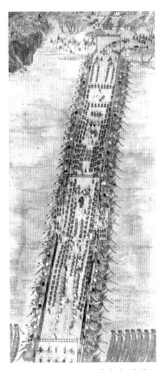

| 배다리 의궤도

만든 뒤로 사람과 말이 평지처럼 밟게 되었다."라고 한 것을 볼 수 있다.

조선 시대에 들어서는 이성계가 요성을 공격할 때와 위화도 회군 때 부교를 가설하기도 했다. 또한, 연산군은 청계산에 사냥을 하기 위해 민선民船 800척을 동원, 한강에 다리를 가설하여 원성을 사기도 하였다.

정조에 와서 배다리 설치 기술은 더욱 발전되었다. 정조는

생부인 사도세자의 묘를 현 동대문구 배봉산에서 수원의 화산에 이장하고 능행陵行에 필요한 배다리를 한강에 설치하고 자주 이용하였다. 배다리의 설치 공법과 기술은 거의 정약용의 머리에서 나왔다. 정조는 배다리를 설치하기 위해 주교사라는 관청을 설치하고, 이 주교사에서 《주교사절목》을 제정하여 배다리의 설치 절차와 방법을 상세하게 언급하였다. 한편, 정조는 배다리 설치에 편리하도록 '주교지남 15조목'을 직접 언급하기도 했다.

정조는 영릉을 참배할 때나 온천에 갈 때 큰 배와 작은 배 400~500척을 징발하여 노량진에서 광나루에 걸쳐 곳곳에 배다리를 놓았다. 배는 한강 언저리와 지방에서 징발하였다. 이러한 일을 진행할 때 일어나는 부정과 폐단을 없애기 위해 엄정한 《주교사절목》을 만든 것이다.

《주교사절목》에 따라 민간 배의 징발을 중지하고 훈련도감 소속의 배와 포구에 있는 배만을 동원해 배다리를 놓고 배의 주인에게 일정한 수고비를 지급하였다. 또 배다리 놓는 곳을 노량진과 광나루 두 곳으로만 한정했다. 그리하여 큰 배만을 동원하여 배다리를 완성하는 데 50여 척 정도만 필요하게 되었다. 배다리의 양편에 난간선 240척을 잇대 돌과 벽돌을 쌓고 배를 잇는 판자 따위의 규격을 정하였으며, 풍향기 72개 등 배에 달 깃발의 수도 지정하였다. 임금이 행차할 경우에는 깃발 150여 개를 달도록 하였다. 기하학적 건축술을 응용한 세부적인 기술상의 문제도 조목조목 적었다.

당시 기록을 보면 정조가 창덕궁을 나설 때 임금이 탄 연의 전후좌우에 호위 군사가 늘어섰고 그 뒤에는 벼슬아치들과 상궁들이 탄 말이 뒤따르고, 닐리리를 불어 대는 고적대와 말 위에서 재주를 부리는 마상재의 대열이 연이어졌다. 배다리의 배를 조절하는 군사만도 1,000여 명이 늘어섰다. 경우에 따라 다르기는 하나 능행차에 최고 1만여 명이 동원되기도 했다. 행렬은 장관을 이루었다. 수많은 사람들이 길가에 나와 이 행차를 구경하면서 감탄을 연발했다.

배다리가 놓였던 바로 그 부근에 오늘날 우리가 이용하는 최초의 근대적 교량인 한강철교와 한강대교가 건설되었다는 것은 결코 우연이 아니라고 할 수 있다. 다산은 해박한 지식을 바탕으로 정조가 쉽게 강을 건널 수 있는 방법들을 제안하였다. 그리고 그것이 백성들에게 민폐가 되지 않도록 주교사를 설치하고 배다리를 효율적으로 관리하였다. 다산의 배다리는 창의력과 분석력을 바탕으로, 백성에게 피해를 주지 말아야 한다는 합리성과 미래를 내다보는 눈을 가지고 있었기 때문이라 가능한 일이었다.

호기심으로 사진기를 만들다

사진기는 원래 라틴어인 카메라 옵스쿠라camera obscura에서 나온 것으로 '어두운 방' 혹은 '어둠 상자'라는 뜻이다. 르네상스 이후 서양의 화가들은 바늘구멍 사진기의 구조와 비슷한 카메라 옵스쿠라를 활용해, 상자 내부의 어둠 속에 바늘구멍으로 들어온 빛을 따라 일정한 거리에 흰 종이를 갖다 놓고 사물이 거꾸로 비친 형상을 따라 밑그림을 정확하게 묘사하는데 사용하였다. 화가들 사이에 인물화나 풍경화에 입체감과 투시 원근법을 표현하는 수단으로 널리 활용됐다. 풍경화가인 베르나프도 카날레토나나 인물화가인 얀 베르미어 등 17~18세기의 많은 서양화가들이 카메라 옵스쿠라를 이용해 그림을 그린 것으로 알려지고 있다. 오늘날의 카메라는 이 원리를 이용해 만들어졌다.

다방면에 뛰어난 실학자이며 과학자로도 알려진 다산의 호기심은 이미 거중기나 배다리를 만드는 데만 관여한 것이 아니라 사진기를 만들어서 사용하기도 하였다. 아쉽게도 다산이 만든 카메라가 남아 있지는 않지만 사진기에 대한 다산의 관심은 여러 곳에서 볼 수 있다.

다산의 기록으로 보면, 광학기구를 이용해 원근법과 입체감을 나타내는 서양의 회화 기법인 '카메라 옵스쿠라'가 조선시대에 이미 도입된 것으로 보인다. 카메라 옵스쿠라는 중국을 거쳐 조선에 들어왔는데, 아마도 1784년에 북경을 다녀온 정약용의 매부 이승훈1756~1801이 정보를 가져왔을 것이다. 그리고 호기심이 많았던 다산이 '칠실파려안'을 만들어서 사용한 것으로 보인다.

| 여유당

다산의 《여유당전서》에 실린 〈칠실관화설漆室觀火說〉은 다산이 카메라 옵스쿠라를 구체적으로 실험하고 있음을 보여줄 뿐만 아니라 '칠실파려안'에 대해 상세히 서술하고 있다. 칠실은 어두운 방이라는 뜻이며, 파려안은 오늘날의 렌즈를 뜻한다. 따라서 '칠실파려안'은 카메라 옵스쿠라의 순수한 우리식 명칭인 셈이다. 다산은 '칠실파려안'을 《여유당전서》에 다음과 같이 기록하였다.

"방의 창문을 모두 닫고 외부에서 들어오는 빛을 모두 막아 실내를 칠흑과 같이 어둡게 하고 구멍을 내어 볼록렌즈를 구멍에 맞추어 끼운다. 투영된 영상은 눈처럼 희고 깨끗한 종이판 위에 비친다."

오늘날의 카메라 원리를 묘사한 조선 최초 기록의 일부이다.

다산 정약용의 〈시문집〉 1집 10권 설說문에는 "안타까운 것은 바람이 불면 나뭇가지가 흔들려서 묘사하기가 매우 어렵고……."라는 내용이 나온다. 이 대목은 '칠실파려안'의 사용방법이 어렵다는 것을 표현하기도 하였다.

다산은 친구인 복암伏菴 이기양李基讓의 묘지명에서 한 화가가 '칠실파려안'을 이용해 초상화를 그리는 장면을 생생하게 묘사하고 있다.

"복암이 일찍이 나의 형 정약전의 집에서 캄캄한 방에 문구멍을 뚫어 유리를 붙여 놓고서 거꾸로 비치는 그림자를 취하여 화상을 그리게 하였다. 밖에 앉은 사람이 조금이라도 움직이면 초상을 그릴 수가 없기 때문에 움직이지 못하게 하였다."

당시 화가들은 대상을 있는 그대로 묘사하고 싶었기 때문에 카메라 옵스쿠라는 충격적일 만큼 새로운 자극이 됐을 것이란 해석이다. 물론 '칠실파려안'은 현대의 카메라와 비교하면 매우 원시적이다.

다산의 기술은 렌즈를 통해 투영된 영상을 채색함으로써 실물과 똑같이 그려내는 데 쓰였을 뿐이다. 그러나 이런 초기 카메라의 원리가 서구에서도 19세기 초까지 사용됐던 것으로 볼 때 다산의 기술은 주목할 만한 것이다.

다산이 현대의 카메라에 관심을 가졌던 사실을 보면서 그의 지적 호기심의 끝은 도대체 어디일까 하는 생각이 든다. 창의적 인재가 되려면 호기심이 차올라야 한다. 그래야 지치지 않고 오랜 시간 몰입할 수 있는 것이다. 요즘 억지로 하는 공부에 찌든 아이들이 많다. 아이들의 자기주도학습 능력을 키워주기 위해서는 지적 호기심이 바탕이 되어야 한다.

창의적 사고력을 드높이는 출발점은 바로 '이 세계에 대한 뜨거운 관심', 즉 호기심이다. 이 뜨거운 관심은 자신을 둘러싼 세계에 대한 신기함과 궁금함을 증폭시킨다. 우리는 이것을 '관심의 힘', '생각하는 의지'라고 말한다. 아이들이 본능

처럼 지니고 있는 '호기심의 힘'을 키워주고 격려하며 불꽃처
럼 피어나게 하는 것이야말로 창의의 바다로 항해하게 하는
가장 강력한 힘이 된다.

경험이 천연두 치료법을 만들다

다산 정약용은 조선 실학의 대명사로 유명하지만 의학자로서의 면모는 일반에 널리 알려지지 않았다. 조지훈 시인의 아버지이자 우리나라 동의학의 기틀을 마련한 조헌영은 실용적인 의학서를 만든 다산이 조선 최고의 한의학자라고 평가했다.

정조 19년에 중국의 소주蘇州 사람 주문모周文謨가 변복을 하고 몰래 들어와서 서교西敎를 몰래 펴고 있었다. 체포하려 했으나 주문모는 도망가고 그의 동조자 세 사람을 붙잡아 때려죽였다.

이 사건을 빌미로 노론은 이가환, 정약용, 이승훈을 제거하려고 하였다. 정조는 곤혹스러워 이가환을 충주목사忠州牧使로, 정약용을 충청도 홍주洪州에 소속된 역원驛院인 금정찰방金井察訪으로 좌천하여 임명하고, 이승훈은 예산현禮山縣으로 유배를 보냈다.

다음 해 정조는 다산이 천주교 혐의를 충분히 씻었다고 생각해 다산을 동부승지로 임용했다. 이에 대해 다산은 '동부승지를 사양하는 상소문'을 올렸으나 반대파는 이 글의 일부 문구만 떼어내 다산이 천주교 신자라는 증거라며 더욱 몰아세웠다. 정조는 어쩔 수 없이 다산을 황해도 곡산부사谷山府使로 특별히 임명했다.

곡산부사로 내려온 다산은 훌륭한 목민관이 되겠다는 노력을 게을리하지 않았다. 때마침 곡산 지역뿐만 아니라 전국적으로 일명 '마마'라 불리는 천연두가 창궐하였다. 다산은 천연두와는 좋지 않은 인연이 있었다. 다산이 일곱 살 때 천연두를 앓아 오른쪽 눈썹이 세 갈래로 나뉘었다 하여 스스로를 '삼미자三眉子'라 불렀었다. 또한, 슬하에 9남매가 있었는데 대부분이 어릴 때 홍역을 앓다가 그만 죽고 말았다. 다산은 백성들이 천연두로 인하여 고통을 받고 어린아이들이 사망하는 것을 보고 참을 수가 없었다.

다산은 천연두에 대한 연구를 시작하였다. 당시 천연두는 목숨까지 잃을 정도로 무서운 전염병이었다. 하지만 백성을 고통에서 벗어날 수 있도록 해야겠다는 일념하에 천연두의 치료법 연구에 몰두하였다. 우선 다산은 어려서 천연두를 앓을 때 치료해 준 이헌길李獻吉에게서 천연두와 관련된 책을 빌려 그 근본 원인을 탐구하였다. 그리고 부족한 내용에 대해서는 중국과 조선의 의서 60여 종을 뒤져 천연두와 관련된 자료들을 발굴해

내었다. 천연두 중에서 천연두의 치료법들에 관련된 내용들을 정리하여 그것을 다시 다섯 차례나 고쳐 천연두의 치료법을 적은 12권의 《마과회통麻科會通》을 완성하였다.

다산은 이 책의 서문에서 인명보다 이익을 중시하는 의원들을 준엄하게 꾸짖고 있다. 이유는 당시 의원들이 돈벌이가 안 된다는 이유로 천연두 환자를 치료하지도 않고 받으려고 하지도 않는 세태 때문이었다.

다산은 이후 초정 박제가와 함께 연구에 연구를 거듭하여 결국 역사상 처음으로 종두법을 소개하기에 이른다. 다산은 이처럼 의학 분야나 자연과학에 대해서도 깊은 관심을 가지고 많은 업적을 남겼다. 그는 손목의 맥脈을 짚어 병을 진단하는 맥진법脈診法의 부정확성을 비판했고, 얼굴 모양을 보고 운명을 점치는 관상법觀相法을 배격했으며, 풍수지리설風水地理說 또한 맹렬히 비판했다. 그는 풍수설을 가리켜 "꿈속에서 꿈꾸고, 속이는 속에서 또 속이는 연극이다."라고 까지 말했다.

다산의 백성에 대한 사랑과 헌신의 태도에 부임하는 곳마다 백성들이 그를 따르고 섬겼을 것은 보지 않아도 짐작이 가는 일이다. 다산은 귀양살이에서 풀려나 복권도 하지 못한 채 고향에서 지내고 있을 때 임금의 환후를 돌봐달라는 명을 받고 두 차례나 궁중으로 불려 갔다는 기록도 있다. 다산의 이러한 의학적 전문성과 과학적 사고의 기반은 자신이 직접 천연두에 걸려본 경험을 바탕으로 백성을 사랑하는 마음이 있었기에 가능한 것이었다.

학습으로
《흠흠신서欽欽新書》를 만들다

《흠흠신서》는 정약용의 3대 역작 중의 하나이며, 우리 법제 사상 최초의 율학 연구서로 기록되어 있다. 이 책은 정약용이 유배돼 있을 동안 《증수무원록》을 토대로 저작한 책이다.

세종대왕은 백성들의 무고한 죽음에 대하여 사망 원인을 철저히 가려내려는 법의학서를 만들고자 하였다. 마침 원나라의 왕여가 쓴 《무원록》을 보고 조선에도 이러한 책이 나왔으면 좋겠다고 생각하였다. 《무원록》의 무원無冤이란 '원통함이 없게 하다'라는 뜻으로 원통한 일이 없도록 사건 수사에 도움이 되는 법의학적 실무 지식을 수집, 정리한 책이다. 그러나 《무원록》의 풀이가 너무 간단해 이해하기가 어려웠으며, 용어도 중국의 방언을 사용해 그대로 사용하기가 어려웠다.

세종대왕은 이에 쉽게 사용할 수 있도록 주를 달아 《신주무원록》을 펴냈다. 《신주무원록》이란 "《무원록》에 새롭게 주석을 달다." 라는 뜻이다. 《신주무원록》은 우리나라의 실정에 맞는 사례를 담았으며 검시의 과학적 방법과 공정함을 기저로 한 법의학서였다. 또 언해로 번역해 누구나 쉽게 읽도록 했다.

《경국대전》에서는 이를 공식 법의학서로 채택하였고, 이후 영조대에 《신주무원록》의 내용을 보충, 교정, 해석하여 《증수무원록》을 편찬하였는데, 증수增修란 '(내용을) 더하여 보충한다' 란 뜻이다. 즉 《증수무원록》이란 내용을 더하고 보충한 《무원록》이란 뜻이다.

《증수무원록》의 내용을 보면 죽은 사람의 사망 원인이 맞아 죽은 경우, 물에 빠져 죽은 경우, 목이 졸린 경우, 칼에 찔린 경우, 불에 타 죽은 경우, 약물로 죽은 경우 등이 자살인지 타살인지를 판별하는 방법과, 시체를 계절에 따라 검안하는 방법, 뼈와 살이 상한 경우 판별하는 방법, 땅에 묻은 시체를 판별하는 방법 등을 기술하였다. 당시에 주먹구구식으로 살인 사건을 취급하던 시기에 현대적이고 과학적인 수사 방법에 대하여 합리적인 방법을 제시했다.

《증수무원록》이 출간되자 죄인을 다스리는 담당관들의 필독서가 되었으며, 중국과 일본에서도 가져가 중요한 참고 서적이 되었다. 정조는 이를 토대로 하여 인권을 중시하고 죄인의 형벌에 공정성을 지키려 노력했던 것이다.

다산은 58세 되는 나이에 고향인 남양주로 돌아와 《증수무원록》의 내용을 토대로 하여 《흠흠신서》 집필을 완성하여 1822년에 간행하였다. 다산이 《흠흠신서》를 집필하게 된 배경은 관청이나 관료들이 당시 살인 사건의 조사·심리·처형 과정이 매우 형식적이고 무성의하게 진행됨에 따라 무고한 백성들이 억울하게 죄를 뒤집어 쓰거나, 미궁으로 빠지는 것을 보고 안타까워했기 때문이다.

당시의 제도는 목민관이 입법·사법·행정의 삼권을 온통 행사하고 있었으므로 목민관이 정확한 법 지식을 바탕으로 조사하고 재판한다면 억울한 피해자를 줄일 수 있다는 것이 다산의 생각이었다. 이에 따라 다산은 살인 사건에 대하여 올바르게 조사·심리·처형이 이루어지기 위해서는 조사와 재판을 정확하게 할 수 있는 기본적인 교재의 필요성을 느껴 《흠흠신서》를 집필하게 되었다. 흠흠이란 명칭은 원래 '삼가하고 또 삼가하라'는 말이지만, 이 말의 뜻은 법을 존중하고 그 죗값에 대해 공정함을 나타내기 위하여 정말 신중하게 다루라는 의미로 사용한 것이다.

《흠흠신서》는 크게 〈경사요의經史要義〉 3권, 〈비상전초批詳雋抄〉 5권, 〈의율차례擬律差例 4권〉, 〈상형추의詳刑追議 15권〉, 〈전발무사剪跋蕪詞〉 3권으로 구성되어 있다.

《경사요의》에는 《대명률》과 《경국대전》에 나와 있는 형벌

규정의 기본 원리와 지도 이념이 되는 고전적 유교 경전의 중요 부분이 요약, 논술되었고 115건의 판례를 소개하였다.

《비상전초》에는 살인 사건의 문서를 작성하는 방법을 제시하기 위하여 청나라에서 일어난 비슷한 사건에 대한 표본을 선별하여 제시하였다.

《의율차례》에는 살인 사건의 유형과 적용 법규 및 형량을 세분화하여 죄의 경중을 나눌 수 있도록 하였으며, 이를 시정하기 위하여 중국의 모범적인 판례를 체계적으로 제시하였다.

《상형추의》에는 살인 사건 142건을 골라 살인의 동기, 원인에 따라 22종으로 분류하여 각 판례마다 사건의 내용, 수령의 검안, 관찰사의 제사, 형조의 회계, 국왕의 판부 등을 일목요연하게 정리하였으며 다산 자신의 의견과 비평을 덧붙였다.

《전발무사》에는 다산이 곡산부사, 형조참의로 재직하면서 다루었던 사건과 유배지에서 보고 들었던 사건에 대하여 자신의 비평, 해석 및 매장한 시체를 파내는 법을 다루고 있다.

다산은 《흠흠신서》에서 법률적 접근만 다룬 것이 아니라 법의학적 · 형사적인 측면을 포괄하고 있으며, 사건의 조사와 시체 검시 등 과학적인 접근까지 상세하게 다뤘다. 다산에 대해서 또 한 번 놀라운 것은 실학자나 유학자로서만 위대한 업적을 남긴 것이 아니라 이처럼 법의학 분야에 대한 깊은 공부를 하여 법의학서를 집필하였다는 것이다. 《흠흠신서》는 단순한 학습의 결과만 나열한 것이 아니라, 본인이 현직에 있을 때나 유배지에서도 관심을 갖고 정보를 수집한 결과 또 하나의 사회에서 유용하게 사용될 수사 지침서가 태어난 것이다. 다산은 의학자가 아님에도 《흠흠신서》를 집필할 수 있었던 것은 다산의 왕성한 학습 능력이 있었기 때문이다.

다산의 《흠흠신서》가 가지는 의미는 많지만, 그중에서도 가장 중요한 것은 생명에 관한 범죄는 조심스럽고 성실하게 공정히 처리해야 누구나 억울함이 없음을 누누이 강조했다. 《흠흠신서》는 다산이 세상을 떠난 후 대량 인쇄되어 목민관들의 지침서로 활용되었고, 조선 후기에 벌어진 각종 사건 해결의 단서를 찾는데 도움을 주었다. 무엇보다 무고한 백성들에게 혜택이 돌아가 무고하게 옥살이를 하거나 누명을 썼던 사람들에게 희망을 갖게 하였다.

성공하려면 창의성을 가져라

다산이 성공으로 이른 원인 중 가장 중요한 것은 다산이 가진 창의성이라 할 수 있다. 다산이 창의성을 가지게 된 것은 다산이 가진 호기심과 학습 능력 때문이다. 인터넷과 정보의 홍수 속에서 살아가는 현대인들에게 그의 학습 방법은 대단히 본받을 만하다. 현대인들은 모르는 것이 있으면 교육을 통해서 해결하려고 하지만, 다산은 스스로 학습을 해서 지식을 축적하고 지혜로 만들어 나갔다. 다산은 호기심이 생기거나 궁금한 일이 생기면 우선 관련된 자료나 정보들을 찾기 시작하였다. 그래서 자신이 수집한 정보를 바탕으로 정보들을 분리하고 재통합하여 하나의 지식으로 만들었다.

세상의 변화 속도는 더욱 가속도가 붙어서 이제 미래를 예측하기도 힘든 세상이 되었다. 세상의 변화만큼 빠르게 지식이 탄생하고 증가하고 있다. 이제는 세상의 지식을 얼마나 알고 있는가보다는 넘쳐 나는 정보와 지식을 이용해 차별화된 새로운 지식을 만들어낼 수 있는 창의력이 훨씬 중요한 시대가 되었다. 21세기 정보화 사회에서 가장 중요한 능력은 바로 창의력이라고 한다.

창의성에 대한 중요성이 증가함에 따라 유아 때부터 청소년기에 이르기까지 창의성 개발 교육은 물론 심지어 창의성 있는 학생을 낳기 위한 태교법도 생겨나고 있다. 그러나 정작 창의성이라는 말이 여기저기에서 쓰이는 만큼 창의성에 대한 전문가들의 개념 정의는 다양하다.

창의성은 창조성이라고도 하며 흔히 '엉뚱하고 기발한 아이디어'를 연상하지만 새로운 것을 생각해 내는 특성을 말한다. 창의성에 관련된 능력을 창의력, 창조력, 독창력이라고 한다. 창의성과 유사 개념으로는 확산적 사고, 열린 사고, 측면적 사고 등이 제시되고 있으나, 그 개념에 있어 상당 부분이 공통적인 것은 사실이지만 동의어로 볼 수 없다는 것이 지배적이다. 일반적으로 확산적 사고, 열린 사고, 측면적 사고 등은 창의성의 필요 요건이지 충분 조건이 될 수 없다고 보기 때문이다.

창의력은 창의성보다 훨씬 포괄적인 개념으로 새로운 생각이나 개념을 찾아내거나 기존에 있던 생각이나 개념들을 새롭게 조합해 내는 것과 연관된 정신적인 능력을 말한다. 쉽게 말하자면 창의력은 새로운 것을 생각해 내는 능력을 말한다. 요즘엔 창의력을 측정하는 지수로 창의력 지수가 있다. 창의력 지수는 CQCreative quotient라고 하며, 새로운 아이디어를 만들어내는 능력을 나타낸다. 창의성은 보통 창의적 사고 성향인 자발성, 독자성, 집착성, 정직성, 호기심 등을 살펴보고 진단한다.

창의성의 실체에 관해서는 아직 충분히 해명되지 못하여 어떤 이유나 원인으로 창의성이 길러지는 지가 확실하지는 않다. 그래서 창의력은 열심히 노력해서 길러지기보다는 타고난 능력이라고만 생각했고, 그래서 다른 사고 능력에 비해 어렵고 복잡한 능력이라고만 생각했다. 특이한 것은 창의력은 결코 특별한 사람만이 갖고 있는 거창하고 특수한 것이 아니라, 영장류들도 훈련을 통해서 얻을 수 있다는 것이 여러 실험을 통해서 확인되었다. 결국, 창의력도 다른 사고 능력과 마찬가지로 누구나 가지고 있는 보편적 능력이며, 그렇기 때문에 학습과 훈련으로 계발될 수 있는 것이다.

창의성은 머리 좋은 사람에게만 나타나는 것이 아니라 평범한 사람들도 필요에 따라 놀라운 창의력을 발휘하는 것을 볼수 있다. 따라서 창의성은 재능이나 유전보다는 조건이나 상황에 영향을 받게 되는 것이다. 평범한 사람이라도 창의성이 필요한 환경에 놓이게 되면 결국 창의성이 높아지게 된다.

학자들에 따라 약간의 차이가 있기는 하지만 창의력은 대략

3~5세 사이에 최고조에 달하여 발달하고 이후에는 서서히 퇴화한다고 한다. 어릴 때 창의성 계발이 절대적으로 중요한 이유가 바로 여기에 있다. 어릴 때 창의성이 높으면 나중에 성인이 되어 창의성이 사라져도 남는 것이 많지만, 어릴 때 창의성이 부족하면 나중에 성인이 되어서는 창의성이 완전히 없어질 수도 있다는 것이다.

또한, 어릴 때 창의성을 높이는 교육은 부모가 조금만 주의를 기울여도 일상적으로 스칠 수 있는 사소한 것으로부터 학생들의 창의력을 키워줄 수 있으나, 성인이 되어서는 훈련을 통해서 창의성을 높일 수 있다. 따라서 창의성을 기르기 위해서는 어릴 때 할수록 훨씬 효과적이며, 간단하게 할 수 있게 된다. 결국 창의성은 선천적으로 머리가 좋은 영재나 수재에게만 타고난 능력이 아니고 후천적으로 쌓아갈 수 있는 능력이다. 창의성은 내면 깊숙이 감춰진 인간의 본성이기 때문이다.

창의력에 있어서 남녀의 차이를 구별하기는 어렵지만, 여성이 조금 높게 나타나는 것은, 남자보다 여성들이 어려서부터 감성적이고 다양한 놀이에 익숙해 있기 때문이라고 유추할 수 있다.

종합해 보면 창의성은 남녀노소를 구별하지 않고 많은 훈련과 노력을 통해서 얻어질 수 있는 것이며, 창의력을 발현할 수 있는 다양한 경험을 하면 할수록 누적되어 창의력은 더욱 높아진다.

창의력은 호기심과 관심, 흥미에서 시작된다. 세계 57개국을 대상으로 한 조사에서 우리나라 청소년의 과학 흥미도가 최하위권으로 나타난 바 있다. 지금 대학에 들어오는 대다수 학생들은 학문 자체에는 별 관심이 없다. 점수 따기를 위해 따분한 공부를 강요받아 왔는데 무슨 흥미가 있으며, 설혹 흥미가 있다고 해도 그것으로 취직이 된다는 보장도 없다. 이는 불행한 현실이다. 이것을 제도적으로 바꾸어야 한다. 창의력은 흥미가 느껴지는 일을 즐겁게 할 때 생긴다.

21세기는 풍요로운 상상력과 창의력을 가진 인재의 시대다. 경직된 교육에서 창의성이 싹틀 수 없으며, 어떤 천재라도 틀에 박힌 학문에만 매일 때는 사고력은 위축되고 만다.

창의력을 갖기 위해서는 다산처럼 호기심이 왕성해야 하며, 호기심을 해결하기 위한 학습 능력이 필요하다.

3장

다산에게
공부를 묻다

바이드홀로 공부하지 않으면 생존할 수 없는 시대가 되었다.

그래서 직장인들은 신문과 매스컴을 통해 새로운 트렌드를 조사하고 앞으로의 변화를 예측하며 미래를 준비하기에 여념이 없다. 하지만 그렇게 준비하는데도 뭔가 부족한 것 같고, 또 새롭게 뭔가를 준비해야 할 것 같은 불안감을 느끼는 직장인들이 많다. 그래서인지 부족한 그 무엇을 채우기 위해 공부하려는 발걸음도 늘어나고 있다. 또 한편에는 수많은 자기 계발서들이 우후죽순 자태를 뽐내며 직장인들에게 도태되지 말라고 손짓하고 있다. 역시 이런 코너에는 많은 사람들의 관심이 집중되는 것이 사실이다.

공부를 잘하는 비법이 난무하는 세상이다. 서점에 가보면 공부법 코너가 새로 생겨 거기에 수많은 책이 쏟아져 나오고 있다. 빨리 공부하는 방법이 주목받고, 암기 전략까지 동원된다. 나름대로 다산도 자신만의 공부 방법을 가지고 있었다. 다산은 태어나서부터 아버지로부터 학문을 배우기 시작하여 죽을 때까지 학문에 정진하였다. 그리고 놀라울만큼 많은 책을 남겼다. 21세기 지식 정보화 사회를 살아가는 우리보다 2세기 전에 살았지만, 지금의 우리보다 앞서 살았던 다산이라는 큰 봉우리를 통해 어떻게 공부해야 하고 무엇을 공부해야 하는지 다시금 돌아봐야 하겠다.

크게 되려면
큰 스승을 만나라

　다산은 훌륭한 스승 밑에서 안목을 갈고 닦아야 크게 된다고 하였다. 조선 시대는 유난히 신분 제도가 폐쇄적인 사회로 한 번 종으로 태어나거나, 서자로 태어나거나, 천민으로 태어나면 다시는 신분을 바꾸기가 어려운 사회였다. 그러나 다산은 이러한 신분 제도에 대해서 잘못을 깨닫고 인간은 모두 평등하다는 기본 철학을 바탕으로 누구나 교육을 받으면 평등해질 수 있다고 생각하였다. 그래서 그는 모든 사람이 교육을 받아야 한다고 하였다. 그는 강진으로 귀양을 가서도 공부하지 않는 자식들의 소식을 듣고 공부를 해야 사람다운 사람이 될 수 있다고 자주 편지를 보냈으며, 자식들이 변화를 하지 않자 강진으로 내려오게 하여 친히 교육을 시켰다.

　다산은 강진에 귀양와서도 스스로 학문을 연구하면서 제자를 양성하였다. 자신이 가진 많은 지식과 포부를 직접 풀 수 없다는 절박함에 자신의 생각을 가지고 세상의 변화를 이끌어 낼 제자들이 필요했는지도 모른다. 그러나 능력 있거나 출중한 능력을 가진 집안의 자제들보다는 하층 계급 출신의 자제들을 많이 가르쳤다. 당시 귀족의 영특한 자제들을 강진까지 보내서 교육을 받게 한다는 것도 문제지만, 이미 대역 죄인의 길을 걷는 다산이 아무리 유능하다고 해도 자녀를 맡긴다는 것은 목숨을 건 도박이기 때문이었다. 자연스럽게 강진과 가까운 지역의 하층 계급 자제들을 가르칠 수밖에 없었다.

다산은 똑같은 학문이지만 누가 가르치느냐에 따라 결과는 차이가 크다고 생각하였다. 큰 나무를 만나면 큰 열매를 맺거나 많이 열려서 먹을 것이 많지만, 작은 나무를 만나면 열매가 열리지 않거나 열려도 작게 열려서 먹을 것이 없다는 진리를 알고 있었다. 다산은 국가의 통치 이념을 제시할 수 있는 당대 최고의 실력자라고 스스로 생각하고 있었기에 어떤 제자들을 만나도 성공할 수 있는 사람으로 키울 수 있다고 생각하였다.

실제로 다산의 제자 중에는 황상黃裳을 시작으로 강진읍 6제자와 다산초당 18제자 등이 이후 속속 그의 문하에 들어와 수학했다. 주로 아전 출신의 제자나 평민의 자제들을 양성하여 서울의 명사들과 교류하는 수준으로 만들었다.

다산은 강진 유배 시절 가르쳤던 제자 중 황상을 가장 아끼고 사랑했다고 전해진다. 황상은 다산이 강진에 처음 유배와서

임시로 거처하던 강진의 주막집 골방에서 처음 스승과 제자로서 인연을 맺었다. 황상은 다산이 귀한 선생님이라는 소식을 듣고 찾아와 제자가 되기를 청하였다. 황상은 양반이 아니어서 과거를 볼 수 없는 신분이었기에 다산은 황상에게 시를 짓도록 가르쳤다. 다산은 황상이 글을 배운지 7일이 지나자 한 권의 책을 주었다. 이때 황상은 자신은 머리가 좋지 못하여 둔하며, 막혀서 융통성도 없으며, 어리바리해서 잘 배우지도 못한다며 책받는 것을 꺼렸다. 이에 다산은 〈면학문勉學文〉이라는 글을 지어 황상에게 주었다. 내용을 보면 다음과 같다.

"학문을 좀 한다는 자들에게 세 가지 큰 병통문제이 있는데 너에게는 해당하는 것이 하나도 없구나. 첫째 외우기를 빨리 하면 재주만 믿고 공부를 소홀히 하는 폐단이 있고, 둘째 글재주가 좋은 사람은 속도는 빠르지만 글이 부실하게 되는 폐해가 있으며, 셋째 이해가 빠른 사람은 한 번 깨친 것을 대충 넘기고 곱씹지 않으니 깊이가 없는 경향이 있다. 또한, 둔하면 구멍을 뚫으면 되고, 막혔으면 트면 되고, 어리바리하면 갈고 다듬으면 된다고 하였다. 따라서 부지런히 뚫고, 트고, 다듬으면 된다."

다산은 황상이 공부에 익숙하지 못해 자책하는 것을 보고 〈면학문〉을 주어 자신의 상황은 중요한 것이 아니라 부지런히 하면 될 수 있다는 신념을 심어 주었다. 황상은 스승의 말을 마음에 새기고 뼈에 새기어 학문에 정진하였다.

황상이 공부를 시작한 지 1년 반이 지난 후에 지은 〈설부雪賦〉라는 시는 다산을 놀라게 했다. 이후 그가 지은 시가 흑산도에 유배 중인 형 정약전에게도 전해져 크게 감탄하였다고 전해진다. 또한, 제주도에 유배가 있던 추사 김정희도 소식을 듣고 있다가 귀양에서 풀려나 서울로 오르던 길에 직접 강진으로 찾아가기도 하였다.

오늘날 학교 현장에서 학생들이 수업 시간에 잠을 자거나 선생님을 폭행하는 교실 붕괴 현상이 나타나고 있다. 학생들 입장에서 더는 선생님께 배울 것이 없다고 생각하거나 존경할 존재가 되지 못하기 때문이다. 선생님들은 학생들이 수업을 듣지 않으려는 행동을 보고, 학생들의 자질이 부족하여 수학 능력이 없다고 생각하고 미리 마음을 포기하기도 하여 건성으로 수업을 진행하기도 한다. 결국, 선생님의 애정이 부족해서 교실이 붕괴해 가는 것인지, 학생의 능력이 부족해서 교실이 붕괴해 가는 것인지 논쟁만 늘어가고 있는 실정이다. 이런 시점에 다산의 교육관과 실천은 오늘날 가르치는 사람들에게 많은 시사점을 준다.

공부는 하는 만큼
대우받는다

　다산은 벼슬길에 오르면서 어지러운 세상을 구원하고 굶주림에 고생하는 백성들에게 희망을 주고자 하였다. 그러나 세상은 다산에게는 기회를 주지 않았을 뿐더러 유배를 명하였다. 오래된 유배 생활 속에서 다산은 학문 이외에는 그 어떤 것도 할 수가 없었다. 생각이 바로 들면 자신을 버린 세상이 미웠으며, 자신의 능력을 버린 조정이 미웠다. 자신의 신세가 가련하고 절망스러워 병이 생겨 몸도 편하지 못했다. 다산이 최악의 고독한 상황을 견디기 위해서는 모든 절망과 좌절을 학문으로 승화할 수밖에는 없었다.

　학문에 정진한 다산은 자신의 저서들이 지금은 보잘것없지만 분명히 후세에 세상을 구원하고 백성들에게 희망을 줄 것이라는 일말의 기대를 가지고 있었다. 그는 귀양지에서 학문에 대한 목이 타는 갈증과 절망적인 고독을 집필하는 것으로 승화하였다. 다산이 학문에 정진하고 글을 쓰는 것에 대해 몰락한 양반 집안에서 그런다고 무슨 의미가 있겠느냐라는 차가운 시선도 많았을 것이다. 다산은 주변의 따가운 시선이나 비평에도 귀를 기울이지 않고 오직 한 가지인 학문에만 집중하였다.

마침내 18년 만에 유배를 끝내고 고향에 돌아왔을 때 지금까지 자신을 업신여기고 멀리했던 학자들까지도 다산의 학문적 업적에 찬사를 보냈다. 특히 자신의 반대 세력이었던 노론의 학문적 거장 김매순이 다산의 저서 《매산서평》을 읽고 놀라운 글이라는 서평을 보내오자 다산은 자신의 노력이 헛되지 않음을 확인할 수 있었다. 다산은 김매순의 서평에 대한 답글로 "박복한 목숨이라 죽는 날이 머지않아 돌아왔는데 이런 유쾌한 일이 생겨 더 살고 싶다는 생각이 듭니다."라고 답하였다.

다산은 오랜 절망의 세월 속에서 고통받고 살아왔는데 한 번의 인정으로 자신이 지금까지 살아 온 삶이 후회되지 않았다. 다산의 생각은 정당한 학문의 업적은 반드시 인정받는다는 교훈을 깨달았다. 다산은 고향에 돌아와서도 계속 학문에 정진하였고 《흠흠신서》와 같은 명저를 집필하였다.

가끔 부모들은 공부를 하지 않는 자녀들에게 "공부를 하지 않고도 성공할 수 있다."라고 자녀들에게 용기를 불어넣어 주곤 한다. 성공의 개념을 어디까지라고 규정하기는 어렵겠지만,

먹고 사는 데 지장만 없는 것을 성공이라고 한다면 대학을 가지 않아도 성공할 수 있다. 그러나 공부를 하지 않고 자기 분야에서 최고가 되는 성공을 하기에는 어려움이 너무 많다. 이인자, 삼인자는 될 수 있어도 일인자가 되는 것은 거의 불가능한 현실이다.

공부를 하지 않고도 성공할 수 있다는 것에 대해서도 다시 한 번 되짚어 볼 일이다. 실제로 역사 속에서 공부를 하지 않고도 성공한 사람들은 공교육을 제대로 받지 못했을 뿐이지 그들은 성공을 위해서는 이루 말할 수 없는 노력을 하였다는 사실을 깨달아야 한다. 역사 속에서 많은 공부를 하지 않았지만 성공한 처칠, 에디슨, 정주영……, 너무나 많다. 그러나 이들이 성공하기까지의 삶의 과정을 보라. 처절할 만큼의 노력을 하면서 지식을 쌓기 위해 노력하였다.

그들은 학교를 다니기 어려운 삶의 역경이 있었기 때문에 공교육의 혜택을 제대로 받지 못했지만 남들보다 더 많이 공부를 하였고 피나는 노력으로 지식을 갖춘 사람들이다. 성인이 되어서도 더욱 열심히 배우려는 의지가 남다른 사람들이었으며, 알고 싶어하는 지식을 얻기 위하여 평생 독서를 생활화하였다.

요즘의 학생들은 대학만 가면, 직장에만 취직하면 공부가 지긋지긋하다고 생각하여 공부를 그만두는 현상들이 일어나고 있다. 한 일간지의 설문조사를 보면, "중·고등학교 시절로 돌아간다면 제일 하고 싶은 일은 무엇인가?"라는 물음에 대해 응답자의 66.9%가 "공부를 하고 싶다. 그렇지만 지금도 나는 공부가 지겹다."라고 답했다. 이러한 원인은 공부가 인생에서 중요하기는 하지만 무엇인지를 모를뿐더러, 공부에 대한 원대한 목표를 갖지 못한 결과라고 할 수 있다.

현대인들은 소득 수준의 향상과 여가의 증가로 인해 개인의 자아실현과 질 높은 삶에 대한 욕구가 점차 높아 가고 있는 추세이다. 이러한 사회적인 갈망은 결국 공부라는 형태로 해결할 수밖에 없다. 더욱이 오늘날처럼 과학 기술의 발전은 사회를 계속적으로 변화시키고 새로운 정보들을 매일 쏟아 내어 지식의 수명을 단축시키고 있다. 직업 생활 등에 있어서도 학교 교육으로 습득한 지식이나 기술만으로는 대응할 수 없게 되었고, 변화하는 사회에 적극적으로 적응하고 사회 활동을 하기 위해서는 새로운 사회에 맞는 지식을 습득해야만 하고 이에 따라 우리는 공부를 평생 할 수밖에 없는 환경이 되어 버린 것이다. 이러한 시대의 생존 전략으로는, 학습은 즐거운 것이고, 학습을 통해서만 꿈을 이룰 수 있고, 학습을 통해서만이 미래를 살 수 있다는 것을 깨달아야 한다.

잠재능력에는
불가능이 없다

    다산은 우리 역사에서 전무후무한 탁월한 지식 편집가이자 다방면의 지식 경영가라고 평가받는다. 평범한 사람들은 인생에서 단 한 권의 책도 제대로 남기지 못하고 세상을 떠나는데 다산은 너무 많은 책들을 남겼기 때문이다. 다산은 여러 가지 직업을 가지듯 여러 권의 책을 동시에 써나갔다.

    다산은 우선 목표를 세우고 그에 따라 필요한 정보를 수집하고, 그것을 재배열해 체계적이고 유용한 지식으로 바꿔놓았다. 다산은 그저 나열되어 있는 자료를 자신에게 맞는 정보로 가공하고, 그것을 지식의 보고인 책으로 만들어 내었다. 그는 평생 530여 권을 썼는데, 이는 매년 평균 7권을 쓴 것이고, 본격적으로 책을 쓰기 시작한 20세부터 시작하면 매년 평균 10권의 책을 저술한 셈이다. 다산이 저술한 책의 분량은 한 사람이 베껴 쓰기만 해도 5년 이상이 걸리는 분량이다. 똑같은 사람임에도 불구하고 보통 사람들은 엄두도 내지 못하는 능력이다. 다산의 이러한 저력은 어디서 나온 것일까?

다산이 남들과 다른 점을 찾아보면 그것은 바로 잠재능력을 믿고 사용하였기 때문이다. 평범한 사람은 가지고 있는 능력도 제대로 사용하지 못하는데, 다산은 자신의 잠재능력이 무한하다고 생각하였다. 다산은 사람의 능력이 무한하다는 생각을 가지고 있었기에 자신의 전공과는 상관없는 어려운 공학 분야의 거중기나 배다리를 만들었고, 《흠흠신서》나 《마과회통》과 같은 전문 의학 분야를 공부하고 책으로 엮었다.

잠재능력은 나타나지 않고 내면화되어 있는 능력을 말한다. 인간은 무한한 가능성을 가지고 태어나지만, 그 능력 중에서 평생 5~10% 정도만 사용할 뿐이라는 사실은 이미 많이 알려져 있다. 뇌를 연구하는 사람들에 따르면 인류 역사상 뇌를 가장 많이 사용한 과학자 중의 한 사람으로 간주하는 아인슈타인도 10%를 넘지 못했다고 한다. 결국 인간은 평생 5~10%의 능력만을 사용하고 나머지 90% 이상은 잠재능력으로 사장된다는 것이다. 모든 사람은 자신의 능력 중에서 빙산의 일각만을 사용하고 세상을 떠나가기 때문에 이제까지 자신에게 주어진 잠재능력의 한계점까지 도달한 사람은 아무도 없는 것이다. 이처럼 잠재능력은 겉으로 드러나지 않고 속에 숨어 있는 힘을 의미한다.

잠재능력은 평소에는 내재되어 있다가 위급한 상황에 다가가면 나타나기도 한다. 예를 들면 평소에는 평범했던 주부가 아이가 트럭에서 사고를 당하자 트럭을 들어 올렸듯이 뇌도 순간적인 집중력을 가지면 평소보다 더 많은 잠재력을 표출해 낼 수 있다.

이렇게 초인적인 잠재력이 왜 평소에는 나타나지 않는 것인가? 그것은 집중력이 없기 때문이다. 다급할 때는 오직 그 문제를 해결하겠다는 강한 집중력이 있는 반면에 평상시에는 다양한 외부 환경에 의하여 집중력이 떨어질 뿐만 아니라 장애 요인 때문에 잠재력은 고사하고 가지고 있는 능력마저도 제대로 활용하지 못하는 경우가 있다. 따라서 자신의 잠재능력을 발견하고 사용할 수만 있다면 원하는 목표에 도달할 수 있게 된다. 세상을 살아가는데 잠재능력을 얼마나 사용했는지가 성공의 관건이 된다고 할 수 있다. 결국, 성공의 목표가 사람에 따라서 다양할지라도 그 성공에 이르게 하는데 잠재능력은 가장 중요한 것이다. 잠재능력을 갖기 위해서 중요한 것은 자신의 잠재능력이 있다고 믿는 데서부터 시작한다. 그리고 자신의 잠재능력을 발굴해서 사용해야 한다.

잠재능력을 발굴해서 사용하기 위해서는 자신의 능력은 무한하다고 생각하고 어떤 분야든 시작하는 것을 두려워하지 않아야 한다. 또한, 동시에 한 가지 일만 해야 한다고 생각하지 말고 동시에 여러 가지 일을 할 수 있다는 생각을 가지는 것이 좋다.

다산은 동시에 다양한 분야의 공부를 하는 동시에 여러 가지의 책을 기획하고 써 내려갔다. 그의 왕성한 작품 활동은 18년간의 강진 유배 생활의 고초 속에서 이룩된 것이다. 한 사람이 뜻을 세워 몰두하면 못할 일이 없다는 것을 그는 몸으로 실천해 보였다. 역사 속에서 다산처럼 자신의 잠재능력을 믿고 노력하여 성공한 사람으로 칭기즈칸이 있다.

칭기즈칸은 자신의 불행한 환경을 탓하는 사람들을 보면 이렇게 이야기하였다.

- 집안이 나쁘다고 탓하지 마라. 나는 아홉 살 때 아버지가 독살당하는 것을 보고 마을에서 쫓겨났다.
- 가난하다고 말하지 마라. 나는 들쥐를 잡아먹으며 연명했고, 굶주림 때문에 이복 동생을 죽여야 했다.
- 자기가 하는 일을 나쁘다고 하지 마라. 나는 목숨을 건 전쟁이 내 직업이었고 내 일이었다.
- 인생이 기구하다고 말하지 마라. 나의 처 볼테르가 남의 자식을 임신해 왔고, 그 아이를 키우면서도 나는 사랑으로 일관했다.
- 외롭다고 말하지 마라. 나는 그림자 말고는 친구도 없었고 친구를 사귀기 위하여 먼 곳을 다녔다.

- 불가능이 있다고 하지 마라. 나의 병사들은 성을 처음 공격할 때 불가능하다고 했지만 나는 점령했다.
- 작은 나라에서 태어났다고 말하지 마라. 나는 병사가 10만, 백성은 어린애, 노인까지 합쳐 200만도 되지 않았지만 나는 세계를 점령했다.
- 배운 게 없다고 힘이 없다고 탓하지 마라. 나는 내 이름도 쓸 줄 몰랐으나 남의 말에 귀 기울이면서 현명해지는 법을 배웠다.
- 너무 막막하다고, 그래서 포기해야겠다고 말하지 마라. 나는 목에 칼을 쓰고도 탈출했고, 뺨에 화살을 맞고 죽었다 살아나기도 했다.
- 적은 밖에 있는 것이 아니라 내 안에 있었다. 나는 나의 한계를 극복하는 순간 나는 테무친이라는 소년에서 칭기즈칸으로 우뚝 서 있었다.

칭기즈칸은 자신에게는 불가능이 없다는 생각으로 한계를 극복할 수 있었는데, 이것은 바로 자신의 잠재능력을 마음껏 활용하였기 때문이다. 이처럼 인류 역사에 위대한 발자취를 남긴 사람들은 대부분이 자신의 잠재능력을 발굴하여 노력한 사람들이다. 다산도 자신이 가지고 있는 잠재능력을 개발하여 하고 싶은 일을 해내었다. 우리는 여기에서 누구나 잠재능력만 개발한다면 성공할 수 있다는 진리를 배울 수 있다.

배우지만 말고 학습을 하라

　다산은 배우는 것에 만족하지 말고 학습을 하라고 하였다. 다산은 끊임없이 자식들과 제자들에게 읽고 공부한 것을 간추려서 정리해 둘 것을 요구했다. 정리하는 습관을 몸에 배게 하고 핵심을 파악하는 역량을 기르며, 한 분야의 지식이 다른 분야로까지 확산되기를 바라는 마음에서였다.

　다산은 공부란 복잡한 것을 단순하게 만드는 과정으로 어려운 것을 쉽게 풀이하는 절차라고 하였으며, 이런 공부의 과정을 목차를 세워 작은 책자로 정리하면 아주 훌륭한 자료가 된다고 하였다.

　우리는 공부하는 것에 대하여 교육과 학습이라는 말을 혼용하여 사용하고 있다. 교육은 가정, 친구, 독서, 대중 매체, 인터넷 등등 여러 분야에서 광범위하게 일어나고 있으며, 그렇기 때문에 교육의 개념이 막연하기도 한 것이다. 부모와 자녀의 대화 속에서도 교육은 있고, 독서 속에서도, 경험 속에서도, 여러 사람들의 회의 속에서도, 남들의 삶을 보는 것으로, 시간이 지나면서 스스로 깨닫는 것도 교육이라 할 수 있다.

교육敎育의 사전적 의미는 "지식을 가르치고 품성과 체력을 기름"을 의미한다. 동양에서의 교육敎育이란 한자는 맹자孟子의 "천하의 영재를 모아 교육하다得天下英才而敎育之."라는 글에서 비롯되었다고 한다. 글자의 구성면에서 보면 교敎는 매를 가지고 아이를 길들인다는 뜻이고, 육育은 갓 태어난 아이를 살찌게 한다는 뜻으로 기른다는 의미가 된다. 이를 풀어보면 동양에서 교육의 의미는 교사적이며 하향적이고 권위적인 의미로서 인간의 잠재력을 배제시킨다. 이와는 달리 서양에서는 크게 그 어원을 education과 pedagogy에서 찾아볼 수 있다. education은 라틴어의 영향을 받은 것으로 e+ducare이다. 여기에서의 e는 '밖으로'라는 의미를 ducare는 '끌어내다'라는 의미를 가지고 있어서 아동 중심적인 교육을 나타낸다. pedagogy는 그리스어에서 유래되었는데 paidos+agogos의 합성어로 paidos는 '아이'를 agogos는 '이끌다'를 의미한다. 결국, 서양에서 의미하는 교육의 의미는 인간의 내부적 능력을 개발시키고 미숙한 상태를 성숙한 상태로 만든다는 의미를 포함하고 있다.

학습學習의 사전적 의미는 "배워서 익힘"을 의미한다. 사전적 의미만을 보아서는 정확하게 차이를 인식하기 어렵다. 그러나 교육과 학습이라는 단어는 엄연한 큰 차이를 가지고 있다. 굳이 차이를 나누자면 일반적으로 교육은 학습자가 받는 수동적인 입장에서 설명하고 있고, 학습은 학습자가 선택하여 하는 능동적인 입장으로 설명하고 있다.

교육의 패러다임은 정보화 혁명과 함께 변화를 가져왔다. 이전의 산업 사회에서 교육은 지식을 수동적으로 받는 것이기 때문에 국가 수준의 교육 과정에 따라 학생들에게 일방적으로 지식을 전달하는 수업 방법이 대부분이었다. 그러나 이제 정보화 사회가 되면서 학습자가 원하지 않는 교육은 점차 의미를 잃어가고 있다. 그래서 교육의 형태도 공교육에서 태어나면서 죽을 때까지 받는 평생교육으로 자리를 바꾸었고, 학습 내용도 학생들의 요구 수준을 반영하는 맞춤식 교육을 지향하고 있다. 수업에서 주도자는 교사에서 학생으로 바뀌었으며 교육 내용도 공부하는 방법을 다루고 있다.

왜 이러한 교육의 패러다임이 온 것일까? 그것은 바로 사회의 변화에서 답을 찾을 수 있다. 산업 사회에서는 대량 생산만 하면 돈을 벌 수 있었기 때문에 커다란 공장을 지어서 일정한 모델의 상품을 만들어 내기만 해도 팔렸던 시대가 있었다. 그러나 정보화 사회로 전환되면서 사람들의 욕구는 다양해졌고 한 가지 모델에 대하여 오랫동안 집착하지 않는다. 결국 소비자들의 다양한 욕구를 해결하기 위해서는 상품도 다양한 것을 지속적으로 개발하거나 만들어 내지 않으면 소비자들의 욕구를 사로잡을 수 없다. 다양한 상품을 개발하기 위해서는 창의성이 필요한데, 이러한 창의성을 가진 인재를 양성하기 위해서는 예전의 주입식 교육으로는 한계에 달했기 때문이다.

미래학자 앨빈 토플러Alvin Toffler는 인간의 역사가 3가지의 변화를 거치며 발전하였다고 한다. 제1 물결인 농업혁명 Agricultural Revolution은 10,000년 전에 인간이 지구에 살기 시작한 이래 이동하다가 정착하면서 씨를 땅에 뿌리고 길러 농경 시대가 시작되었다. 이로부터 사람들은 유목이나 방랑의 생활에서 마을을 만들고 나름대로의 문화를 형성한 것이다. 농업 혁명에서의 부자란 바로 토지Land를 가진 사람이었다. 그리고 사람들의 관심은 얼마나 잘 먹고 잘 사느냐였다.

제2 물결은 18세기에 기계로 인한 산업혁명Industrial Revolution 이 일어나 사람들은 농장에서 벗어나 도시로 이동하고 공장에서 일을 하기 시작한다. 이로 인해 세계 2차대전이 발생하였고 원자폭탄이 만들어졌다. 산업혁명에서 부자란 토지Land, 노동Labor과 자본Capital을 가진 사람이었다. 그리고 사람들의 관심은 어떤 직업을 갖느냐였다.

제3 물결은 2000년을 기준으로 지식 정보화 혁명Information & Knowledge Revolution이 일어나 기계가 아닌 사람의 마음속에 기초를 두고 보다 자유롭고, 개인적인, 사회적인 요구를 기대하고 있는 것이다. 세계 최고의 기업인 마이크로소프트는 토지, 노동, 자본을 상품으로 만들어 파는 것이 아니라 바로 지식을 개발하여 팔고 있으며, 부의 원천을 전적으로 지식이라 하였다. 그래서 현 사회의 가장 중요한 관심은 무엇을 배우느냐이다.

현재는 지식 정보화 사회로서 지식과 정보가 넘쳐나고 있다. 지금은 무엇을 배우느냐에 따라서 인생이 결정되지만, 이제는 배우는데 만족하는 것이 아니라 배우고 익히는 학습이 필요한 때이다. 많이 배우고 알고 있는 것이 중요한 게 아니라, 그것을 얼마나 활용할 수 있는 것이냐가 중요한 사회가 된다는 것이다. 다산은 이러한 세상에서 준엄하게 배우는 것에 만족하지 말고 학습을 하라고 하였다. 다산은 끊임없이 배우는 것이 중요한 게 아니라 배운 것을 익혀 실천하는 것이 중요다고 하였다. 결국 공부란 듣고 보는 것만이 중요한 게 아니라, 스스로 정리하고 만들어 낼 줄 알아야 한다는 것을 의미한다. 다산은 쓸모없는 공부는 하지 말라고 하였다. 앞으로 공부를 하려면 이 공부가 어디에 활용할 것인지를 곰곰이 생각해 보아야 한다.

공부하려면 목표를 뚜렷이 하라

'일일부독서 구중생형극—日不讀書 口中生荊棘'라는 말을 아는가? 이 글은 안중근 의사의 필체가 힘이 있고, 거기에다 독특하게 수인手印을 찍었기 때문에 강렬한 인상을 주는 글로서 기억되고 있을 것이다. 대부분의 사람들은 이 글을 안중근 의사가 처음 쓴 말로 알고 있지만, 사실은 예전의 중국 문헌에 나오는 말이다. 이 글에 대하여 일반적 해석을 할 경우에는 "하루라도 책을 읽지 않으면 입안에 가시가 돋는다."라고 하지만 사실은 "하루라도 책을 읽지 않으면 남을 중상모략하기가 쉽다."라는 의미이다.

현대적으로 해석해 보면, 우리가 하루라도 책을 통하여 인격적 수양을 게을리하면 인격적 결함이 드러날 수 있다는 정도로 해석하면 좋은 글귀이다. 나아가 이 의미는 하루라도 공부를 하지 않으면 이상하게 느껴질 정도로 공부를 꾸준히 하는 습관을 길러야 한다는 것을 의미한다.

다산은 많은 편지에서 공부의 중요성을 강조하였다. 그는 자식들에게도 공부는 인간답게 사는 방법을 제시하는 길이라고 하였다. 또한, 공부는 무엇에 쓰기 위해서 하는 것이 아니라 공부는 하지 않으면 안 되는 것이라고 하였다. 다산은 100년도 못 사는 인생이 공부를 하지 않는다면 이 세상에 살다 간 보람을 어디서 찾겠으며, 책을 읽지 않고는 무슨 일도 하기 어렵다고 하였다.

다산은 공부하는데 가장 중요한 작업은 깊게 파서 기초를 세우는 것이라고 하였다. 다산이 언급한 것처럼 공부는 건물을 지을 때 기초를 단단히 해야 그 기초 위에 오래가는 건물을 세울 수 있듯이 공부도 목표가 뚜렷해야 잘할 수 있다고 하였다. 다산은 학문적 기초 위에 자신의 전문 분야에 활용할 수 있어야 좋은 공부가 되고 당연히 이러한 토대 위에서 좋은 저술이 나온다고 보았다.

공부에 대해 가지고 있는 잘못된 고정관념 중 하나가 공부라는 걸 생각했을 때 선생님과 칠판이 있고 강의를 듣고 있는 학생을 상상하기 마련이다. 그리고 그 이외 시간은 공부와는 별개라는 생각을 하게 된다. 학원 강의나 인터넷 강의로 공부 시간을 보내고 그것이 습관이 되면 혼자서 공부하는 방법을 모르게 된다. 이것은 심각한 문제로 대학 가서도 그에 대한 부작용이 심각하게 나타난다. 다른 사람이 정리한 책과 노트, 다른 사람이 요약해서 알려주는 강의에 나도 모르게 중독되면 스스로의 힘으로 공부할 면역력을 잃게 된다. 그래서 대학 가서도 누군가에게 과외나 개인지도를 받아야만 하는 상황이 벌어지게 되고, 사회에 나가서도 혼자서 무엇을 어떻게 공부할지 몰라 막막해하기도 한다. 이러한 상황을 만들지 않으려면 공부와 생활이 별개로 떨어져서는 안 된다.

생활이 공부 그 자체가 되면 자연스럽게 공부하는 것이 몸에 배게 된다. 그러므로 부모들도 아이를 데리고 가게에서 물건을 사고 계산하고, 산책을 하면서 날씨에 관해 이야기하고, 비와 구름의 생성 관계를 말하며, 절기와 온도의 관계를 이야기해 주면 그것이 곧 공부가 되는 것이다. 그래서 공부와 생활이 하나가 되면 그 속에서 다양한 경험을 쌓고 자연스럽게 지식이 축적될 수 있다. 그러므로 자녀 교육의 일차 책임자인 부모가 먼저 아이들과 함께 다니면서 궁금한 것을 해결하고 함께 나누어 간다면 유년기에 자연스럽게 공부 습관이 몸에 배게 될 것이다. 그렇게 되면 스스로 공부하는 힘을 기른 아이는 자기 주도적 공부 습관이 형성되어 모두가 바라는 것처럼 혼자서 알아서 해 나가는 학생으로 성장할 것이다.

공부를 잘하는 학생들에게 "언제부터 공부가 잘되기 시작했느냐?"라고 물었더니, 모두 나를 위해 공부한다고 생각하니 그때부터 공부가 잘되더라고 답하였다. 이것을 역으로 생각해 보면 나를 위한 공부를 하고 있는 학생이 많지 않다는 이야기다. 부모들이 하는 말 중에 "너, 잘되라고 그러지 나 잘되려고 그러냐?"라는 말을 많이 한다. 그런데도 아이들은 자신을 위한 공부가 아닌 부모님을 위한 공부를 하고 있으니 어떻게 된 일일까? 자신을 위한 공부가 아닌 사람은 항상 행동의 기준을 다른 사람에게 두기 때문에 더 높은 세계나 범위 밖을 향한 도전을 주저하게 된다. 즉 주어진 범위 안에서는 성과를 내지만, 그걸 넘어서는 데는 한계가 있다는 것이다.

취업을 준비하는 대학생들도 남들이 하니까 영어를 공부하고, 남들이 하니까 무슨 자격증을 공부하고, 남들이 하니까 공무원 시험을 준비하는 공부는 사실은 자신을 위한 공부가 아니라 남을 의식해서 하는 공부이기 때문에 공부한 만큼의 효과를 거두기 어렵다.

그러므로 거창하지 않아도 좋으니 왜 공부해야 하는지 가끔 자신에게 물어 보는 여유가 필요하다. 다산이 했던 고민의 깊이만큼 할 수는 없겠지만 자신이 처한 현재의 모습에서 물어보자. "내가 공부하는 목표는 무엇일까?" 그 물음에 스스로 답할 수 있고 설득력이 있을 때 그 사람은 더 공부를 잘하게 될 것이다.

책 읽는 방법을 배워라

다산은 연암 박지원과 달리 외국을 다녀온 경험이 없다. 그럼에도 그가 남긴 학문적 위업은 동서고금을 종횡무진으로 넘나든다. 어디서 그런 위대한 힘이 나올 수 있었을까? 그것은 바로 독서의 힘이었다. 독서야말로 골방에 앉아서도 동서고금의 이치를 한눈에 꿰뚫을 수 있는 최고의 비결이다.

다산은 유배지에서 아들에게 쓴 편지에서 "이제 가문이 망했으니 네가 참으로 독서할 때를 만났구나."라고 말했다. 그러면서 "독서는 위로 성현과 짝할 수 있고, 아래로 뭇 백성을 깨우칠 수 있으며, 그윽하게는 귀신과 통할 수 있고, 밝게는 왕도와 패도의 방략을 터득하여 이 우주를 지탱할 수 있는 것이므로 부디 책을 손에서 놓지 말라."라고 당부하고 또 당부했다. 독서의 힘이 이렇게 강하다고 생각해 본 적이 있는가?

다산은 독서를 잘하려면 책을 읽기 전에 반드시 학문에 뜻을 두고 먼저 근본을 확립해야 한다고 하였다. 공부에 뜻이 없는 상태에서 책을 읽는 것은 의미가 없기 때문에 책을 읽기 위해서는 먼저 뚜렷한 독서 목표를 정하라는 것이다. 즉 다산처럼 책을 써야겠다는 목표를 가지고 책을 읽어야 남는 것이 있지만, 그냥 책을 읽어서는 목적이 없기 때문에 남는 것이 별로 없다는 것을 의미한다. 또한, 다산이 말하는 근본이란 부모에 대한 효도와 형제에 대한 우애를 말하며, 효도와 우애가 확립되어야만 학문은 자연스럽게 몸에 배어들어 넉넉해진다는 것이다. 결국 우리가 독서를 하고 공부를 잘하기 위해서는 기본적으로 가정에서는 효도와 우애가 넘쳐야 하며, 그것을 바탕으로 뚜렷한 목표를 가져야만 한다는 것이다.

또한, 다산은 책을 읽을 때는 미리 책을 읽기 전 마음속에 책을 읽으려는 목적과 의지를 확고히 하고 책을 읽어야 한다고 하였다. 또한, 다산은 "책을 읽을 때에는 한 글자를 볼 때마다 그 의미를 분명하게 알아야 한다. 만약 알지 못하는 곳이 있으면 널리 고찰하고 자세히 연구해서 그 근본을 터득하고 그리하여 그 글의 전체를 완전히 알 수 있어야 한다."라고 했다. 다산은 책을 읽으면서 글자가 가지고 있는 깊은 뜻을 음미하면서 중요한 부분은 따로 메모하는 정독을 하였다. 이같은 정독의 습관을 통해 정치, 경제 분야의 명저를 집필할 수 있었다.

독서는 자신의 사상의 집을 짓는 것과 같다. 집을 지을 때 기초를 탄탄히 다져야 하듯이 내 사상의 집을 짓는 독서 또한 굳건하게 바닥을 다져야 하는 것은 두말할 필요가 없다. 그리고 그 위에 건물을 받칠 튼튼한 기둥을 세워야 한다. 그래야 그 집이 오랜 세월 비바람에도 흔들리지 않고 장구할 수 있기 때문이다. 그러므로 독서를 할 때는 서둘러서는 안 된다. 빨리 읽으려고 욕심을 내면 그 속에 숨은 보물을 제대로 발견할 수 없기 때문이다. 요즘 부모들은 자녀들에게 책을 빨리빨리 읽으라고 하거나 공부도 빨리빨리 하라고 강요하는 경우를 볼 수 있다. 하지만 그렇게 해서는 독서의 참 맛을 느낄 수가 없다.

따라서 책을 잘 읽기 위해서는 '왜 책을 읽어야 하는지', '독서를 통해 얻고자 하는 것이 무엇인지', 독서의 동기와 목표를 갖게 하는 것이 중요하다. 특히 아이들에게 책을 읽게 하려면 아이가 스스로 읽고 싶은 책을 선택하고, 목표를 정해 완독할 수 있도록 도와주어야 한다. 책을 읽는 중에도 모르는 단어가 나오면 그냥 지나치지 말고 사전을 통해 이를 반드시 찾아보도록 하고 문맥을 정확히 파악했는지 확인하도록 하면 좋다.

독서 후에는 자녀가 책 속에서 가장 인상 깊게 읽었던 부분을 가족에게 발표하는 시간을 가지거나 글로 써 보게 하는 것도 좋다. 물론 정독 습관이 잘 안 된 경우 다독을 하는 것도 도움이 될 것이다. 하지만 다독을 하는 것도 결국은 정독을 위한 것임을 잊지 말아야겠다.

책을 읽을 때 재미를 느끼지 못하면 책의 내용에 대해서 집중할 수 없다. 집중이 되지 않는 상태에서 책을 읽는 것은 시간의 낭비이며, 깨달음은 얻을 수 없다. 깨달음이란 새로운 인식의 지평이 열리는 것이다. 내 안에 새로운 우주가 열리고 확장되는 것이다. 인류 역사도 이러한 깨달음의 축적사다. 한 사람의 깨달음이 인류의 인식의 폭과 범위를 확장시켰고 발전을 향한 발걸음을 멈추지 않게 해준 것이다. 그런 의미에서 다산이 정독을 권한 이유를 마음속에 더 깊이 새겨야 하겠다.

성공하려면 몰입하라

　다산은 생전에 530여 권의 책을 집필한 것으로 유명하다. 모든 작품이 다 주옥같지만, 그중에서도 대표작을 들라고 한다면 후세 사람들은 1표表 2서書와 《마과회통》을 꼽는다. 1표表 2서書란 《경세유표》, 《목민심서》, 《흠흠신서》를 말하는데, 조선 후기 사회의 발전에 큰 영향을 끼친 저서들이다. 그러나 만약 다산 자신에게 대표작을 들라고 하면 《주역사전周易四箋》을 꼽을지도 모른다. 다산은 《주역사전》을 집필하고 나서 두 아들에게 "내가 《주역사전》을 집필한 것은 하늘의 도움으로 얻은 것이지 결코 사람의 힘으로는 할 수가 없는 것이었다."라고 집필하는 과정에서의 어려움과 자부심을 표현하였다.

　다산은 《주역사전》을 집필하기 위해서 유배 중에 11년 동안 몰입하였다. 다산이 절친했던 친구 윤영희尹永僖에게 보낸 편지를 보면, 다산은 "《주역사전》을 집필하기 위해서 다른 일은

다 거두어 치워놓고 오로지 주역만을 위하여 마음을 가다듬고 깊이 생각하며 밤을 낮으로 삼았다."라고 적고 있다. 그리고 "눈으로 보는 것, 손으로 잡는 것, 입술로 읊조리는 것, 마음으로 사색하는 것, 필묵으로 적는 것에서부터 밥상을 대하고 변소에 가고 손가락을 퉁기고 배를 문지르는 것에 이르기까지 그 어느 것 하나 '주역' 아닌 것이 없을 정도였다."라고 할 정도로 주역에 몰입했다.

다산은 굳이 《주역사전》을 집필하는 데만 몰입한 것이 아니라 인생 자체가 몰입의 연속이었다. 다산은 530권의 책을 집필하기 위하여 모든 것을 버리고 오직 집필에만 집중하였다. 그래서 책을 쓰다 보니 복숭아뼈가 3번이나 보여서 아플 때는 일어서서 글을 썼다고 할 정도로 글 쓰는 일에 몰입하였다.

결국 다산이 오늘날 명성을 얻게 된 것은 책을 집필하는 데에 완전한 몰입했기 때문이라고 할 수 있다. 다산처럼 각자의 분야에서 비범한 업적을 이룬 사람들에게 몰입은 공통적으로 가지고 있는 성공의 요소다. 결국 성공은 몰입을 얼마나 실천하느냐의 차이라고 할 수 있다. 책을 붙들고 있는 시간이 많다고 지식이 축적되는 것이 아니다. 성공하고 싶다고 해서 마음만 갖는 것이 아니라 성공하기 위해서는 성공하는 일에 몰입해야 한다. 몰입을 체험하지 못해 본 사람은 몰입의 의미를 잘 모른다. 몰입이란 하나의 문제에 집중하여 자신의 잠재력을 모두 집중하는 것을 말한다. 따라서 단순히 성공하려면 노력만 많이 하는 것이 중요한 것이 아니라 어떻게 노력하느냐가 중요하다는 것이다. 결론은 성공은 노력의 양이 아니라 그 질이 중요하다.

최근 언론 보도에는 한국을 포함한 22개국 2만여 직장인을 대상으로 직원 몰입도를 조사한 결과, 한국 직장인들의 업무 몰입도 비율은 6%로 전 세계 평균인 21%의 3분의 1에도 못 미친다는 발표가 있었다. 몰입도가 낮다는 것은 직장생활을 대충하는 이가 많다는 뜻이고, 이는 개인적으로 꿈을 갖지 못하게 하는 요인이 되고 성공도 멀게 한다는 것이다. 몰입도가 낮다는 것은 자신에게만 손해를 입히는 것이 아니라 조직의 매출 감소, 비용 증대, 수익 저하 등 기업 성과에 부정적 영향을 준다.

사람이 몰입하게 되면 자신의 잠재능력을 발견하게 되어 몰입하지 않을 때보다 더욱 많은 결실을 볼 뿐만 아니라 시간적으로도 여유 있는 삶을 살 수 있다. 보통 사람은 평생을 살면서 단 한 권의 책도 쓰지 못하고 죽는 일이 대부분인데 다산은 평생 읽기도 힘든 530여 권의 책을 남길 수 있었던 것은 바로 몰입으로 인해 남들보다 많은 시간을 활용할 수 있었기 때문이다. 이러한 경험은 우리도 실생활에서 가끔 느끼는 것이다.

일에 몰입한 나머지, "아니, 벌써 퇴근 시간이야!"라면서 시간이 아주 빨리 지나가거나, 같은 시간을 보냈는데도 다른 때에 비하여 놀라운 성과를 거둘 때가 있다. 이러한 경험들을 통해서 얻은 위대한 성취감을 습관적으로 느끼다 보면 그것이 모아져서 어떤 일을 하든지 쉽게 몰입의 경지에 빠질 수 있게 된다. 몰입은 똑같은 시간을 살아도 결과를 다르게 하는 마술적인 요소를 가지고 있다. 우리 다 같이 원하는 목표가 있다면 몰입의 기쁨을 누려 보자.

자녀 교육을 포기하지 마라

자식을 제대로 가르치려는 부모의 마음처럼 간절한 것은 아마 없을 것이다. 나아가 부모는 모든 자식들이 성공하기를 간절히 바랄 것이다. 다산은 15세에 결혼하여 생전에 네 명의 아들을 두었다. 22세에 첫째 학연學淵이 태어났으며, 25세에 둘째 학유學游가 태어났고, 28세에 셋째 구장懼牂이 태어났으나 세 살 때 사망하였다. 38세에는 넷째 농장農牂이 태어났으나 셋째와 마찬가지로 세 살 때 사망하였다.

다산이 유배를 떠나던 해 큰아들은 19세, 둘째는 16세의 나이였다. 아들들에게 아버지의 유배는 감당하기에 너무 큰 사건이었다. 더욱이 한참 과거 준비에 열중할 나이였던 학연과 학유에게 아버지가 대역 죄인이라는 사실은 마른 하늘에 날벼락이었다. 당시 대역 죄인의 집안은 과거를 볼 수 없는 것이 국가의 법률이었기 때문에 이제 과거까지 볼 수 없게 된 것이다.

다산은 유배지에서 마음이 편하지 않았다. 분명 자신의 아들들이 깊은 절망과 좌절의 늪에 빠져 있을 것이라 생각했기 때문이다. 설상가상으로 유배지에 도착하여 얼마 되지 않아 넷째 아들 농장이 사망하였다. 다산은 인생이 너무 고통스럽고 가혹하다고 생각하였다. 그러나 자신의 절망보다 두 아들의 미래가 걱정스러운 다산은 가만히 있을 수가 없었다. 낙심하여 침체해 있을 두 아들에게 유배지에서 편지를 보내 학문에 정진하기를 당부하였다.

아들들아

절대로 좌절하지 말고 그럴수록 더욱 정진하여 학문에 힘써야 한다. 출셋길이 막힌 집안이라고 글도 못 쓰고 예절도 갖추지 못한다면 어찌 되겠느냐? 이럴 때일수록 보통 집안 사람들보다 더욱 열심히 학문해야 겨우 사람 노릇이라도 하지 않겠니?

나도 귀양 사는 고통이 몹시 크지만 너희들이 학문에 정진하고 몸가짐을 올바르게 한다는 소식만 들리면 근심이 사라질 것이다.

다산의 편지는, 일반 사람들은 학문을 하지 않더라도 그냥 못 배운 사람에 지나지 않지만, 양반 자제들이 폐족이라는 이유로 학문을 하지 않으면 비천하고 더러운 신분으로 살게 된다는 것을 자식들에게 경고하는 글이었다. 그리고 학문에 힘쓰지 않으면 아무도 가깝게 지내지 않을뿐더러 세상에서 버림받게 되어 결혼도 천한 집안과 하게 되어 집안이 몰락하게 된다는 것을 준엄하게 인식시키는 내용이었다.

다산이 큰아들에게 보낸 또 다른 편지를 보면, 다산은 둘 다 가까이 두고 직접 가르치고 싶지만 가정 형편이 허락하지 않는 것이 안타깝다고 하며 읽어야 할 책의 순서를 꼼꼼히 적고 있다. 이 외에도 그가 집으로 보낸 편지에는 옆에서 직접 가르치며 학문의 진척을 점검하고 부족한 부분을 보완해주지 못하는 아버지의 걱정이 구절구절마다 깊이 배어 있다.

남달리 효심이 깊었던 아들들이었지만 여러 차례 글공부를 재촉하는 아버지의 편지에도 불구하고 학문에 진척을 보이지 않자 다산은 자식들을 걱정하다 병까지 앓게 되었다. 다산은 엄히 편지를 보내 아들들을 꾸짖으며 다시 학문에 정진하기를 권유하였다.

편지 내용은 학문을 연마해도 벼슬은 할 수 없지만 문장가가 되거나 넓게 알고 이치에 밝은 선비가 되는 일은 얼마든지 할 수 있다고 하였다. 또한, 평민이 배우지 않아 못난 사람이 되면 그만이지만 폐족으로서 배우지 않는다면 마침내 비천하고 더러운 신분으로 아무도 가까이 하려 하지 않기 때문에 학문을 해야 한다고 당부하였다.

급기야 다산은 학문을 게을리하는 아들을 유배지 강진으로 불러 직접 가르치기도 하였다. 편지로 권유하기에는 한계가 있었다. 시간이 흐르고 귀양살이에 대한 감시가 조금씩 풀리자 아들을 불러 내려오게 하였다. 다산은 1805년 겨울 유배지를 찾아온 장남 학연과 읍내 고성사의 보은산방에서 함께 묵으며 《주역》과 《예기》를 밤낮으로 가르쳤다.

유배 중 네 번의 교정을 거쳐 완성한 《주역》과 함께 《예기》를 꼭 읽어야 할 책으로 말하고, 《독례통고讀禮通考》라는 책을 인편에 보낼 정도로 예에 대한 연구에 각별하였던 다산인지라 아들에게 직접 《예기》에 대해 강론하였던 것이다. 이때 예에 대한 학연의 질문에 답변한 것을 기록하여 모아 놓았는데, 이름하여 스님들이 묵는 암자에서 묻고 답했다 하여 《승암문답僧庵問答》이라 하였다. 유배지를 다산초당으로 옮긴 1808년에는 둘째 아들 학유를 옆에 두고 오경 가운데 《주역》과 《춘추》를 읽도록 하였다.

맏아들 학연은 아버지의 저술 활동을 도운 다산의 제자로서 큰 학자가 되었다. 비록 높은 직급은 아니었지만 벼슬길에도 오르고 당대의 석학들과도 교류하였다. 그리고 농업과 목축의 방법을 기록한 《종축회통》과 《선음鮮音》, 《근체시선近體詩選》 등

시선집에 들어 있는 시 몇 편이 후세에 전해지고 있다.

둘째 아들 학유는 추사 김정희와 친한 친구로서 지내며 많은 시와 글을 나누었다. 학유는 아버지가 《주역심전》 같은 책을 쓸 때 옆에서 돕기도 했으며, 한글 가사인 《농가월령가》를 지었다.

요즘의 아버지들은 자녀와 같이 생활하면서도 아이들의 공부를 잘 챙겨 주지 못한다. 바쁜 회사 생활을 핑계로 자녀 교육은 엄마에게 거의 떠넘기다시피 하고, 엄마는 아이들을 학원이나 과외로 다시 넘기는 일은 당연한 풍조가 되었다. 그래서 '할아버지의 재력과 아빠의 무관심과 엄마의 정보력'이 아이의 성적을 결정한다는 우스갯소리도 들린다. 하지만 이것은 바른 사랑이 아니다. 논의 벼도 농부의 발자국 소리를 듣고 자라듯 한창 성장하여야 할 아이들은 부모의 사랑을 느끼며 자라야 한다. 또 아빠가 아무리 바쁘다고 하여도 아이의 공부가 얼마만큼 진척되고 있는지 자주 대화를 나누어야 한다. 자녀 교육은 사회적 성공과는 별개의 문제다. 아무리 사회적으로 큰 성공을 거두었다 할지라도 가정이 화목하지 못하면 성공의 색깔은 빛이 바래질 수밖에 없다.

지식을 체계화하려면 책을 써라

다산의 엄청난 분량의 저서만 보아도 한없이 작아지는데, 그 분야나 영역도 다양해서 사람이 어떻게 저런 능력을 가졌을까 하는 생각에 고개가 절로 숙여진다. 더욱이 너무 오랫동안 앉아서 글을 쓰다 보니 복숭아뼈가 3번이나 보여 도저히 앉아서는 글을 쓸 수 없어서 서서 글을 썼다고 한다.

다산이 책을 쓰는 데는 여러 가지 이유가 있었다. 자신의 뜻을 세상에 남기려는 원대한 목표도 있었지만 학문에 정진하면서 그것을 체계화하고 싶은 욕구도 있었다. 또한, 정확한 목표를 갖지 않고 책을 읽게 되면 남는 것이 없게 되고, 저술이나 편집의 목적을 가지고 책을 읽으면 정확한 목표의식을 가지고 읽기 때문에 지식의 체계화가 이루어질 뿐만 아니라 지식을 쌓아갈 수 있었다. 따라서 다산의 독서는 책을 읽기 위한 독서라기보다는 책을 쓰기 위한 독서가 더욱 많았다고 할 수 있다.

다산의 책 쓰는 방법에 대하여 알게 되면 저술의 방대함과 정밀함을 넘어서기란 쉽지 않겠지만, 평범한 사람도 죽기 전에 책을 한 권 정도는 남길 수 있다는 희망을 가질 수 있다.

다산의 저술 방식을 보면 크게 저술한 책과 편집한 책으로 나뉜다. 저와 술, 그리고 편과 집 사이의 구분에는 다산 자신의 의견이 개입된 정도에 따라 나눌 수 있지만 명확하게 갈라 말하기는 어렵다. 다만, 책의 성격에 따라 의미를 가늠해 보면 대략 다음과 같이 구분할 수 있다.

책은 크게 저서와 편집으로 이루어지는데, 저서는 자신의 주장이나 견해, 풀이나 해석 등으로 자신의 견해를 적은 것으로 창작의 의미가 포함되어 있으나 편집은 다른 사람들이 쓴 자료를 모아 질서 있게 한데 모은 것을 말한다. 저서는 다시 저著와 술述로 나누고, 편집은 편編과 집輯, 그리고 편차編次로 나눈다.

다산은 거의 대부분 자신이 직접 집필하기도 하였지만 강진에서는 두 아들의 도움과 제자들의 도움으로 편집에 박차를 가하기도 하였다. 다산은 자신의 지침과 가르침을 받아 자식들과 제자들이 정리한 자료를 바탕으로 내용을 감수하고 서문을 얹어 책으로 묶었다. 다산의 능력은 지식을 편집하고 경영하는 안목에 있었다. 자식들과 제자들은 다산의 지도 아래 정리하는 습관을 익히고 핵심을 파악하는 역량을 기르며, 책을 쓰는 요령을 습득해 나갔다. 나중에 자식이나 제자들은 독자적으로 자신을 위한 책을 써낼 수 있었다. 이들이 자주 사용한 방법은 널려 있는 정보를 수집하거나 배열해서 체계적이고 유용한 지식으로 탈바꿈시킨다는 것이다. 따라서 책을 쓴다고 해서 처음부터 끝까지 자신이 전부 쓸 수도 있지만, 편집 같은 경우는 자료를 모아서 정리하거나 질서를 부여하는 일은 누구나 할 수 있다.

구분		내용	관련 저서
저서	저(著)	자신의 주장이나 견해를 적은 것	《시경강의》, 《시경강의보》, 《매씨서평》, 《춘추고징》, 《악서고존》, 《중요자잠》 등
	술(述)	경전의 의미를 풀이하고 해설한 것	《상서지원록》, 《주역사전》, 《역학서언》, 《상례외편》, 《상례가식》, 《대학공의》 등
편집	편(編)	산만하고 복잡한 자료를 편집하여 질서를 부여한 것	《상서고훈》, 《목민심서》 등
	집(輯)	여러 사람의 견해나 흩어진 자료를 한데 모아 정리한 것	《어고금주》, 《맹자요의》, 《소학주천》, 《아학편》 등
	편차 (編次)	주제별로 엮어 차례를 매긴 것	《상례사전》

따라서 저서를 남기기는 어려워도 적어도 편과 집에 해당하는 저작은 남길 수 있다. 일반적으로 책을 읽을 때 사람들은 중요한 대목을 만나면 밑줄을 긋거나 다른 노트에 옮겨 적는다. 이렇게 책을 읽다 보면 많은 양이 쌓이게 되고, 이러한 중요한 내용들을 검토해서 자신이 목차를 정해서 내용들을 나열하면 책이 된다.

《지봉유설》은 지봉 이수광이 책을 읽으면서 그때마다 중요한 내용들을 초서해 둔 내용들을 모아 주제별로 분류해서 자신의 설명을 덧붙인 것이다. 유설類說이란 바로 글을 모아서 비슷한 것끼리 모아 놓은 것이란 뜻이다. 《성호사설》을 지은 성호 이익도 마찬가지로 평소에 알게 된 내용과 제자들과 대화한 내용을 조카들이 특정 주제로 묶어 놓은 것이다. 사설僿說은 체계적이지 않고 자질구레해서 별 볼 일 없는 설명이라는 뜻의 겸손함을 담은 표현이다.

책을 쓴다는 것은 해보지 않은 사람에게는 어려운 일이다. 그러나 책을 쓰려는 목적을 갖게 되면 책을 읽고 얻어지는 것에서도 차이가 있으며, 목적을 달성하게 되면 자신의 이름으로 된 책을 가지게 된다. 책을 쓰는 요령을 보면 다음과 같다.

1) 제목 정하기

독자들이 흥미를 가지고 있는 주제는 무엇인가?

자신의 능력으로 해결할 수 있는 주제인가?

남들은 하지 않는 독창적이고 참신한 주제인가?

주제는 폭이 넓고 깊이가 있는가?

2) 목차 정하기

제목을 가장 잘 설명하고 책의 목적을 달성할 수 있는 목차를 정한다. 목차는 대분류를 먼저 하고 그에 따라 소분류를 한다.

3) 자료 수집하기

책을 쓰는데 가장 중요한 것은 필요한 글감을 어떻게 구하느냐가 문제가 된다. 글감 수집은 소분류의 항목에 맞게 직접적인 현장 조사, 관찰, 측정, 실험, 참고 서적, 문헌, 백과사전 인터넷 검색을 통해 할 수 있다.

4) 검토하기

수집한 자료를 정보로 만드는 과정을 말한다. 정보로 만드는 것은 지금까지 수집한 자료가 소분류를 설명하는데 가치 있는 자료인지, 쓰고자 하는 주제와의 관련성 등으로 검토하여 버릴 것은 버리고 취할 것은 수정한다.

5) 작성하기

• 규칙에 맞게 작성한다.

글자 모양, 글자 크기, 줄 간격 등을 최대한 지켜서 작성한다.

• 맞춤법, 문법 등은 정확하게 지킨다.

책을 쓸 때는 맞춤법과 문법을 지켜야 한다.

• 객관적이고 정확하게 작성한다.

책을 쓸 때는 '~이다' '~한다' 등의 어투를 사용하여 객관적이고 정확한 느낌을 주어야 한다. '~인 것 같다' '~일지도 모른다' 등의 모호한 어투나 자신감 없는 어투는 사용하지 말아야 한다.

• 글을 인용할 때는 출처를 밝힌다.

짧은 문장을 그대로 인용할 때에는 글 속에서 따옴표로 인용하고, 긴 문장을 인용할 때는 본문과 분리하여 별도의 문단으로 제시하는 것이 좋다. 글을 인용할 때는 반드시 어디서 구했는지 출처를 명확히 밝혀야 한다.

6) 검토하기

• 글 전체 수준 : 제목의 적절성, 주제의 일관성, 글의 구성 등
• 문단 수준 : 중심 생각, 문단의 길이 등
• 문장 수준 : 문장의 뜻이 분명한지의 여부, 어법, 문장의 길이 등
• 단어 수준 : 적절한 단어 사용, 띄어쓰기, 맞춤법 등

- 논리성 : 단락이 논리적으로 연결되어 있는가?
- 통일성 : 모든 단락은 한 가지 주제로 말하고 있는가?
- 정확성 : 문제와 문장, 용어 부호, 문법, 철자법 등은 올바른가?
- 객관성 : 사실과 증거 등 객관적인 자료를 통해 자신의 주장을 뒷받침하고 있는가?
- 구체성 : 자료 및 내용 등이 구체적으로 제시되었는가?
- 적합성 : 교사가 제시한 작성 방법, 분량 등이 적합한가?
- 명료성 : 정확하고 구체적이며 명료한 용어를 사용하고 있는가?
- 간접 인용 : 남의 글이나 생각을 그대로 인용하지 않고, 요약하거나 의역 또는 해석하여 자신의 말로 바꿔 인용하는 것이다. 내용은 자신의 글에 자연스레 녹아들어야 하고, 인용 부호를 사용하지 않으며, 주석 번호를 달고 그 출처를 명시하면 된다.

4장

다산에게
미래를 묻다

정약용의 삶을 살펴보면 다분히 미래 지향적이었음을 알 수 있다. 학문과 실생활에 이르기까지 어느 것 하나 혁신을 지향하지 않은 것이 없었고 결코 현재에 안주하지 않았다.

200년 전 이미 다산은 "국가 정책은 100년을 내다보면서 마련하고 시행하라."라는 말을 했다. 다산은 자신의 일대기인 〈자찬묘지명〉에서 낡은 나라를 혁신하겠다는 뜻을 가지고 《경세유표經世遺表》라는 책을 저작했음을 밝혔다.

《경세유표》는 《서경書經》과 주례의 이념을 바탕으로 조선 사회의 정치·사회·경제 제도를 개혁하고 부국강병을 이루는 것에 목표를 두고 저술하였다. 여기서 다산은 당시 사회의 모순이 집약되어 있는 토지 문제 및 농업 문제에 대해서도 개혁을 주장하였다. 그뿐만 아니라 실학자들이 관심을 가져온 기술 발달과 상공업 진흥을 통한 부국강병의 실현 방법도 제안하였다.

어느 시대에도 개혁이나 이상을 추구했던 인물들이 있었지만 다산이 그들과 다른 점은 스스로 추구하는 이상에 맞게 현실을 바꾸려고 노력하였으며, 구체적인 대안을 직접 만들어 제시하였다는 점이다. 현실에 뿌리를 박고 미래를 지향했던 그의 삶에서 오늘날 경제 전쟁과 고도의 실업 속에서 희망을 잃어버린 많은 사람들에게 그가 전하는 미래의 비전을 함께 나누고 싶다.

지식을 경영하면
미래가 보인다

다산은 유학자로 멈추지 않고 경학자, 예학자, 행정가, 교육학자, 사학자, 인문학자, 토목공학자, 기계공학자, 실학자, 지리학자, 의학자, 법학자, 문예비평가의 역할을 수행하였다. 다산을 통해서 사람의 능력은 무한하다는 것을 깨달을 수 있다. 사람들은 태어나서 한 가지도 제대로 완성하기 힘드는데, 다산은 살면서 수도 없이 많은 분야의 일을 실천해 내었기 때문이다.

다산은 아는 것에 대해서도 해박했지만, 아는 것을 엮는 집필 작업에서도 단연 최고였다. 다산은 평생을 530권의 책을 집필하였는데 이는 일반인이 베껴 쓰는 데만도 10년은 족히 걸리는 작업이라고 한다. 물론 그의 작업에는 두 아들과 여러 제자들이 도움이 있었지만, 다산의 지도 아래 이루어진 일이었다. 다산은 평범한 현실 생활에서도 지속적인 집필을 하였지만, 오히려 강진의 귀양 생활과 같이 처절한 좌절과 척박한 작업 환경 속에서도 더욱 다양한 분야에 대하여 집필하였다.

다산은 생활 속에서 자신이 가진 지식을 최대한 활용하여 최대의 효과를 내려고 하였다. 실제로 수원 화성을 건축하면서 수레 가득 실어도 넘칠 지경이었던 많은 서류를 다산은 단 한 장의 도표로 일목요연하게 정리해 정조 임금의 입을 다물지 못하게 하기도 하였다. 그래서 다산을 지식 경영자라고 부른다.

다산은 살면서 불포견발不抛堅拔을 중시 여겼다. 직역을 한다면 '포기하지 말고 굳건하게 나아가야 한다'는 의미가 된다. 실제로는 '권위를 극복하고 주체를 확립함으로써 자기 입장을 명확히 주장할 수 있어야 한다'는 의미로 사용된다. 일반적으로 전문가라고 하는 사람들은 자신이 가진 전문성이라는 고정관념 때문에 새로운 생각을 하기 어렵고, 그 틀을 버리지 못하기 때문에 발전을 기대할 수 없다. 다산은 자신이 학자라는 전문성을 바탕으로 다양한 지식을 습득하여 분산하고 융합하는 일로 자신의 지식을 경영함으로써 일반인들이 이루기 어려운 업적들을 이루어 낸 것이다.

21세기는 지식 정보화 사회로서 지식이 사회를 지배하고 지식은 곧 부나 권력이 되는 사회가 되었다. 정보를 가진 사람이 부자가 되고, 정보를 가진 사람이 권력이 되는 시대가 되었다. 지식은 자고 나면 몰라볼 만큼 빠르게 증가하고 변화하지만,

이러한 지식을 어떻게 효율적으로 통합·관리하고 활용하느냐에 따라 가치 있는 지식이냐 아니냐를 결정하게 된다. 따라서 지식을 경영한다는 것은 주변의 널려 있는 지식들을 나의 발전과 조직을 위해서 사용할 때 비로소 지식은 가치를 갖게 되는데, 이러한 능력을 바로 지식 경영이라고 한다. 다산은 자신이 가진 지식을 기본으로 자신이 속한 사회와 후세를 위하여 지식을 경영한 것이다.

다산은 현실 세상에서는 자신의 지식을 인정해줄 곳이 없어서 책을 통해 미래의 후손들에게 자신의 지식을 남기고 싶었다. 결국, 다산은 지식의 힘을 통해 미래를 예측한 것이다. 다산이 알고 있는 많은 지식들의 공통적인 변화를 추출해 보면 미래 시대의 새로운 변화와 기술의 탄생을 어느 정도 예측할 수 있는데 이것이 바로 지식의 힘이다.

통신의 발달은 스마트폰 범용화를 가져왔고, 스마트폰은 휴대전화기의 컴퓨터화를 이루어 책상에 고정되어 있던 퍼스널 컴퓨터에서 이동하는 퍼스널 컴퓨터를 만들었다. 따라서 인터넷과 데이터를 어디서나 무료로 이용할 수 있는 길을 열면서 가히 스마트폰 혁명이 찾아온 것이다. 스마트폰은 본래의 전화 기능에서 시작하여 게임기, 정보검색기, 리모콘, 기록기, 사진기, 카메라 등 이루 말할 수 없을 만큼 다양한 곳에서 사용되면서 스마트폰 혁명이라는 말이 생겨났다. 이러한 변화와 기술의 발전은 전화와 컴퓨터를 만들던 과거의 지식을 결합하고 통합해서 새로운 지식으로 만들어진 것이다. 결국 자신이 가진 지식을 어떻게 경영하느냐에 따라서 사회를 변화시킬 수 있을 만큼 가치 있는 지식이 되느냐, 가치 없는 지식이 되느냐를 결정한다고 할 수 있다.

지금 우리는 미래학자 앨빈 토플러 박사가 제창한 제3의 물결인 지식 정보화 시대에서 제4의 물결인 창조 혁명 사회로 넘어가는 단계에 살고 있다. 이는 알고 있는 지식이 중요한 것이 아니라, 우리가 알고 있는 지식들을 효율적으로 통합·관리하고 활용하는 것이 중요한 시대가 되었음을 알려주는 것이다. 다산은 비록 조선 시대라는 과거의 인물이지만, 미래를 내다보고 자신이 가진 지식들을 효율적으로 통합·관리하고 활용하는 방법을 몸소 실천하였다. 이러한 지식 경영은 날로 치열해지는 경쟁 시대를 살아갈 활로일 뿐만 아니라, 미래를 개척하는 노하우라는 것을 명심하자.

아는 것을 융합하면
새로운 것이 만들어진다

　다산은 학문에 대한 호기심이 왕성해서 항상 새로운 것에 대한 연구를 하였다. 그는 서학에 대해 호기심을 갖고 배워보려고 하였지만 당시 조정의 분위기는 그를 이해하지 못하였다. 다산은 서양이나 중국에서 들어오는 각종 지식이나 문명을 보고 그것을 우리의 것으로 새롭게 만들려는 노력을 아끼지 않았다. 다산에게 있어서 지식의 융합은 새로운 에너지 탄생과 창의력의 원천이었다. 두 개의 물줄기가 만나 하나의 굵고 거센 물줄기가 되듯이, 여러 지식이 만나 또 다른 새로운 지식을 잉태하였다.

　다산에게 있어 풍부한 학문적 지식과 실용적 경험이 만나 더 큰 실용 학문으로 탄생하였듯이, 항상 새로운 지식을 얻게 되면 그것을 자신이 가지고 있는 지식과 화합하고 융합하는 열정을 가지고 있었다. 다산이 만든 거중기, 배다리, 유형거와 수많은 저서가 이를 보여주고 있다.

디지털 컨버전스란 디지털 기술이 발전함에 따라 새로 생겨
난 신조어로서 유선과 무선, 방송과 통신, 통신과 컴퓨터 등
기존의 기술·산업·서비스·네트워크의 구분이 모호해지면
서 이들 간에 급격하게 통합되어 새로운 형태의 융합 상품과
서비스들이 등장하는 현상을 포괄적으로 지칭하는 말이다.

이 단어는 멀티미디어의 개념을 최초로 제시하고 명명한 사
람으로 '정보통신계의 선지자'라고 불리는 미국의 미디어학
자 니콜러스 네그로폰테에 의해 탄생했다. 그는 "디지털 기술
과 컴퓨터 산업의 발달을 위하여 커뮤니케이션 산업이 일정
수준까지 함께 접근하여야 한다."라고 주장하면서 1970년대
후반부터 주목받기 시작하였다.

디지털 컨버전스 현상은 처음에는 정보 기술IT 분야에서 출
발하였지만 이제는 경제 사회의 모든 분야에 걸쳐 일어나고
있다. 정보 기술IT 분야에서의 디지털 컨버전스 현상은 유선과
무선의 통합, 통신과 방송의 융합, 온라인과 오프라인의 결합
등 세 가지로 압축된다. 디지털 컨버전스 현상은 사회 각 분야
에 커다란 영향을 주었고 변화를 요구하고 있다. 이러한 변화
는 사회 각 분야에서 한 가지 부분의 전문가보다는 다양한 분
야에 대한 지식을 바탕으로 다양한 지식을 활용하거나 통합할
수 있는 멀티 플레이어형 인재를 필요로 하고 있다.

유선·무선 통합의 대표적인 예로는 휴대전화를 들 수 있다. 휴대전화는 이동전화의 기능은 물론, 디지털카메라와 MP3 등의 디지털 컨버전스를 추가하게 되었고, 또한 사회적인 요구에 의하여 게임, 인터넷, 방송 시청, 금융 업무, 전자사전, 업무 수첩 등의 기능을 추가하고 있으며, 앞으로도 끊임없이 진화할 것이다. 또 유선과 무선의 결합은 무선인터넷의 실용화와 함께 언제 어디서나 통신을 즐길 수 있게 하였다. 그러나 이러한 디지털 컨버전스에 그치지 않고 통신·방송의 융합을 이루어 DMB 방송을 수신할 수 있게 되었다. 이처럼 우리는 디지털 컨버전스가 가져온 변화가 마치 디지털 혁명의 혼란기에 속한 것처럼 혼란스럽게 만들고, 하루가 다르게 새로운 디지털 컨버전스 제품들이 쏟아지는 세상을 살게 되었다.

디지털 기술 혁명은 이제 많은 분야의 경계를 허물어뜨리고 있다. 정보 기술IT 분야에서 출발하였지만 이제는 경제·사회·문화·예술·산업 등 모든 분야에 커다란 파장을 일으키고 있다. 유선과 무선, 방송과 통신, 통신과 컴퓨터 간의 구분이 없어지고 있고, 정보기기 분야에서도 디지털 컨버전스의 흐름 속에서 많은 기기들이 합쳐지고 네트워크화 되고 있다. 이런 현상은 경제·사회·문화·예술·산업 등 사회의 전 분야에 영향을 미쳐 지금까지는 정보 기술IT 분야에 금융, 여가, 취미, 게임, 인터넷 등 다양한 콘텐츠가 결합되어 있지만 앞으로는 어떠한 콘텐츠가 합쳐서 새로운 상품이 시장을 지배할지 예측하는 것은 쉽지 않게 되었다.

문화계에서도 융합 현상이 뚜렷하게 등장하고 있는데, 이를 두고 팝아트popart라고 한다. 예술과 실용, 미술과 대중의 영역을 파괴하고 융합하는 그룹을 일컫는다. 퓨전 국악이 대유행이고 춤·음악·행위예술이 함께하는 퍼포먼스가 인기를 끌고 있으며 비디오아티스트와 설치미술가의 만남은 얼마나 아름다운가. 낡은 건물을 허물거나 방치하지 않고 예술과 인간의 온기가 넘치는 문화 공간으로 활용하니 향수의 공간, 창작의 플랫폼이 따로 없다. 디자인이 산업과 만나면 명품이 되고, 옛 것의 하이터치가 현대 문명의 하이테크와 만나면 첨단 문화 산업이 되며, 자연과 삶이 하나되면 생명의 숲이 되는 것이다.

디지털 컨버전스에 의한 새로운 기술과 신제품의 출현은 사람들의 생활과 사회 구조, 필요로 하는 인재상을 바꾸고 있다. 디지털 컨버전스가 몰고온 디지털 기술 혁명은 단순함에서 복잡함, 단기능에서 다기능으로 사회 구조를 바꾸고 있다. 이러한 디지털 기술 혁명이 몰고온 혼란과 변혁의 시대를 리드하고, 세상의 모든 것을 융합할 수 있는 인재가 절대적으로 요구되고 있다.

과거를 다시 잡고
미래로 나가라

요즘 한국에서 국사는 선택 과목으로 지정되어 있어서 우리
나라 청소년들 중 우리의 역사를 제대로 아는 학생이 적은 것
이 사회 문제가 되고 있다. 우리나라에서는 국사가 선택 과목
인 것과 달리 우리의 주권을 뺏어 갔던 일본은 국사 교과서를
통하여 태평양전쟁이나 조선을 식민지화한 것에 대해 정당화
하려는 작업을 하고 있다. 더욱이 북한과 국경을 나란히 하고
있는 중국은 지난 2002년 2월부터 '동북공정'을 진행하면서
국사 교육을 강화하고 있다.

'동북공정'이란 중국의 국경 안에서 이루어진 모든 역사는
중국의 역사이므로 고구려와 발해의 역사 역시 중국의 역사로
간주하고 편입하려는 정책을 말한다. 중국은 동북공정을 통해
발해는 물론 고구려와 한강 유역까지의 영토를 아우르는 국가
의 역사가 자기들 것이라고 주장하고 있다. 처음 동북공정을

시작한 목적은 우리나라가 통일 이후 간도와 만주 영유권을 주장할 경우를 대비해 만들어 놓은 것이지만, 지금에 와서는 북한이 무너질 경우 북한 영토의 영유권을 주장하기 위해 진행하고 있다는 것이다. 이로 인해 한국과 중국 간 외교 문제로 비화되기도 하였으며, 지금도 신경전을 벌이고 있는 부분이다.

우리는 지금 일본이나 중국에 의해서 잘못된 역사를 바로잡는 노력이 절실히 필요한 시점이다. 우리의 역사를 이대로 내버려두다 보면 결국은 남의 나라 역사가 될 수도 있고, 우리의 영토가 남의 나라 영토가 될 수도 있다. 다산은 이러한 미래를 내다보았는지 유학자이면서도 역사책을 기술하여 우리의 역사를 바로 잡는 일도 하였다.

다산의 《아방강역고我邦疆域考》는 강진의 유배 생활의 아픔을 달래며 우리나라 강역의 역사를 각종의 문헌에서 기록을 뽑아 고증하고, '용안鏞案'이라는 형식으로 자신의 견해를 첨부하여 그 내력을 자세히 밝힌 책이다. 《아방강역고》는 12권 4책의 역사지리서로 우리나라 안팎 30개 권역의 고대사와 지리를 총괄한 책이다. 이 책은 원래 고본稿本으로 10권이 전해 오다가 1903년광무 7 장지연張志淵이 증보하여 《대한강역고大韓疆域考》로 책명을 바꾸어 활자본 9권으로 간행했으며, 1936년에는 정인보鄭寅普, 안재홍安在鴻이 교열하여 《여유당전서與猶堂全書》제6집에 4권으로 수록하였다.

〈권1〉에 조선고朝鮮考, 사군총고四郡總考, 낙랑고樂浪考, 현도고玄菟考, 임둔고臨屯考, 진번고眞番考, 낙랑별고樂浪別考, 대방고帶方考, 삼한총고三韓總考, 마한고馬韓考, 진한고辰韓考, 변진고弁辰考

〈권2〉에 변진별고弁辰別考, 옥저고沃沮考, 예맥고濊貊考, 예맥별고濊貊別考, 말갈고靺鞨考, 발해고渤海考

〈권3〉에 졸본고卒本考, 국내고國內考, 환도고丸都考, 한성고漢城考, 위례고慰禮考, 팔도연혁총서상八道沿革總敍上, 팔도연혁총서하八道沿革總敍下, 패수변浿水辨, 백산보白山譜

〈권4〉에 발해속고渤海續考, 서북로연혁속西北路沿革續, 북로연혁속北路沿革續 등을 실었다.

말미에는 본문에 나오는 역사 인명 526명과 인용 서책 68종의 제목이 간략한 해설과 함께 곁들여져 있다. 특히 팔도는 따로 떼어 '팔도연혁' 이란 항목으로 다뤘다.

《아방강역고》를 보면 역사란 자신을 되돌아 보는 과거라고 한 다산의 실학 정신을 확인하는데 좋은 작품이라고 할 수 있다. 다산은 사실적인 내용마다 다음과 같이 조목조목 자신의 견해를 첨부하였다.

"약용이 살펴보건대, 해성은 고구려의 사비성으로 지금의 의주에서 600여 리나 떨어져 있는데, 어떻게 낙랑 위도에 소

속될 수 있겠는가. 또한, 잘못이다." 그의 서술은 한 치의 삐끗
거림도 용납하지 않는다.

   다산은 우리의 역사에 대해 주인의식을 갖지 못하고 중화사
관으로 《삼국사기》를 지은 김부식에 대한 잘못도 지적하였다.
김부식이 당시에 큰 나라인 중국의 사서 《괄지지》를 무조건
따라서 책을 쓴 것은 잘못이라고 꾸짖었다. 다산이 만약 살아
있다면 우리들에게 역사를 올바르게 인식하라고 주문할 것이
다.

   스티브 잡스는 "모든 순간은 미래로 연결되어 있다."라고
했다. 우리의 과거는 우리의 현재와 미래를 만드는 원동력이
다. 따라서 우리의 과거 역사를 올바로 지켜야 이것이 나중에
우리의 희망찬 미래가 될 것이다.

옛것을 본받아
새것을 만들라

    최근에 법고창신法古創新이라는 말이 널리 회자하고 있다. 옛것을 본받아 새로운 것을 창조한다는 뜻인 법고창신은 《열하일기熱河日記》로 잘 알려진 북학파의 거두 연암燕巖 박지원朴趾源이 만든 성어이다. 연암은 연암집 권 1 《초정집서楚亭集序》에서 "옛것을 본받는 사람들은 옛것에 구속되어 벗어나지 못함을 근심하고, 새로운 것을 창조하는 이들은 그 불경不經됨을 걱정한다."라고 하였다. 그는 법고는 긍정적인 것만이 아니고, 창신 또한 무조건 옳은 것이 아니라고 하였다. 법고는 말 그대로 옛것을 모방하는 것이니 그 안에서 빠져나오지 못할 수 있으며, 창신은 자칫 지나쳐 기이함으로 흐를 수 있기 때문이다.

    법고창신은 옛것을 본받으면서도 변통할 줄 알고 새것을 창조해 내는 것을 말하고 온고지신은 옛것을 익혀 새것을 아는 것을 말한다. 창조와 아는 것의 차이라고 할 수 있다.

정약용이 살았던 시대는 격동의 시대였다. 정치는 혼탁하고 사회 기강조차 흐트러졌을 뿐 아니라 일본과 중국은 물론 서구 열강이 호시탐탐 침략을 노리고 있었다. 서양 문물이 하나둘 들어오면서 동양의 조그만 나라인 조선의 혼란은 가중될 수밖에 없었다. 낡고 고루한 과거의 굴레를 벗지 못하고 현실에 안주하려는 기득권 세력과 변화와 혁신을 통해 새로운 미래를 열고 싶어 하는 개혁파 사이의 팽팽한 줄다리기가 계속되면서 국운이 기울어 가고 있었다.

　이러한 와중에 현실을 외면하지 않고 변화를 꾀하며 발전시키려는 실학이 등장하였다. 실학은 실사구시, 경세치용, 이용후생을 핵심 사상으로 하고 있다. 한국인의 삶과 문화를 서구의 과학 기술과 접목시켜 행복한 사회를 만들고자 했는데 정약용은 그 선두에 있었다.

　우리 것을 더욱 우리 것으로 만들고 남의 것도 잘 취하면 우리 것이 된다는 정신으로 무장된 사람이 바로 정약용이다. 마치 이슬람 음악에 쓰던 양금이라는 악기가 유럽을 거쳐 중국과 조선에 전해지면서 국악 연주에 없어서는 안 될 중요한 국악기가 된 것과 같이 옛것도 잘 연구하고 다듬으면 새로운 것을 만들 수 있다는 논리를 실천하였다. 정약용은 아버지의 관직 생활과 자신의 관직 생활을 바탕으로 《목민심서》를 지었으며, 영조 때 편찬된 《증수무원록》을 토대로 《흠흠신서》를 지었다.

우리 역사 속에서 법고창신을 실천한 사람은 많다. 그중에서 고려 말 친원 정책을 비판하고 친명 정책을 주장하다 유배당했던 정도전은 법고창신의 대표적인 사람이었다. 정도전은 고려가 자신의 능력을 인정해 주지 않자 1383년 이성계를 찾아가 그의 핵심 참모가 되었으며, 1388년 위화도 회군을 결행하여 우왕을 폐하고 공양왕을 옹립하였다. 이성계의 권력 장악 과정에서 정도전은 자신이 고려의 관리로서 재직한 경험을 바탕으로 수많은 아이디어를 내어 큰 공을 세웠다.

정도전은 조선 건국 후에도 자신이 경험한 고려 조정의 경험을 바탕으로 경제 개혁 및 정치 개혁, 각종 제도의 법제화에도 큰 기여를 했다. 그는 정치, 경제, 철학, 역사, 병법, 의학, 문학을 넘나드는 박학한 지식과 경륜을 담은 수많은 저술을 남겼고, 우리나라 현실에 맞는 전술을 개발해 군사를 훈련하고, 권력 투쟁에 이용되던 권세가들의 사병을 혁파해 국가의 공병으로 만들려 했다. 그는 고려 역사를 최초로 정리했고, 조선왕조를 설계하였고, 지금의 서울인 한양을 설계하였다.

정도전이 성공할 수 있었던 것은 고려에서 여러 가지 관직을 두루 거치면서 많은 경험을 했기 때문이다. 만약 조선 건국 과정에서 정도전이 없었다면 건국 자체를 이루지 못했을 뿐만 아니라 조선이 자리를 잡는 데도 많은 시간이 소요되었을 것이다.

정조는 조선의 중흥을 이루기 위하여 옛것을 바탕으로 새로운 것을 만들려고 노력하였다. 그래서 규장각에 옛 임금의 기록들을 찾아 모았을 뿐만 아니라, 여러 자료들도 빼곡하게 구해다 놓았다. 책은 무려 3만여 권에 이르렀다. 정조는 당파가 아닌 학문으로 세상을 다스리고자 했다.

규장각에는 역대 왕들의 기록에서부터 학자들의 지식을 적어 놓은 책, 대동여지도 같은 지도와 행사를 자세하게 적어 놓은 의궤들, 실학자들의 실용서에 이르기까지 규장각의 자료들은 당대 최고의 보물들이었다. 그러나 정조가 죽고 나서 규장각의 도서를 통해 새로운 것을 만들려는 정신을 잊어 버렸기 때문에 기록은 그냥 종이 뭉치에 불과하였다. 훌륭하고 찬란한 기록 문화를 가진 조선이 역사 속에서 사라질 수밖에 없었던 것은 법고창신의 정신을 갖지 못했기 때문이다.

우리는 지금 IT 기술 강국으로 경제 대국의 반열에 오르고 있으며, 브랜드와 문화 콘텐츠를 활용한 한류 열풍이 거세게 불고 있다. 조선이 망하고 6·25전쟁 뒤에 한국이 세계 최고의 가난한 나라에서 세계 12위의 경제 대국이 된 것은 한국인만이 가진 창의적인 에너지, 열정의 DNA가 있었기 때문에 가능했다. 이러한 출발은 바로 법고창신의 정신이 되살아났기 때문이다.

우리는 역사상 가장 위대한 도시로 평가받고 있는 로마의 성공 비결과 몰락의 과정을 기억해야 할 것이다. 세계 최고가 되기 위해서는 실학 정신과 법고 창신을 널리 실천하여야 한다는 정약용의 가르침을 잊어서는 안 된다.

미래를 알려면
트렌드를 읽어라

트렌드는 원래 경영학에서 사용하던 용어로 소비자들의 소비 추이를 말한다. 그러나 오늘날 트렌드는 사회의 전 분야에서 미래를 예측하는 데 사용되고 있다. 여기서 사용하는 트렌드에 대한 정의를 다시 내려 보면, 자신과 사회 발전의 상호 관계성을 살피면서 현재 존재하는 것에 대한 의미를 부여하는 것이라 할 수 있다. 따라서 트렌드는 자신과 미래에 대하여 어느 한 쪽 면으로 치우치지 않고 객관적으로 읽어 내는 것이 지식 사회에서 성공의 중요한 가치가 될 것이다.

따라서 트렌드를 읽는다는 것은 나의 능력이나 상황을 정확히 인식한 상태에서 미래 사회의 변화가 어떻게 진행될지를 알고 그에 대한 대책을 만들어야 하는 것을 의미한다. 그러나 누구든 정확한 트렌드를 읽을 수 있다고 모두 성공하는 것은 아니다. 평범한 사람들은 분명히 다가올 트렌드를 이미 알고 있어도 미래를 대처하지 않기 때문이다. 이는 개인적인 성격의 차이에서도 기인하지만 안정적인 현실에 더욱 애착을 가지고 있기 때문에 애써서 힘든 도전을 하려고 하지 않기 때문이다.

그러나 다산은 다양한 지식을 습득하기 위하여 항상 노력하였으며, 새로운 것을 만들려는 것이 습관이 된 사람이다. 다산은 미래 사회에 대처하는 것은 당연한 일이었기에 당시의 기득권과 사회 분위기에 두려워하지 않고 도전하였다. 다산은 관직에 있을 때를 제외하고는 남들에게 그리 부각된 인물은 아니었고 오히려 소외된 사람이었다. 그러나 그는 소외된 상황에서도 자신의 책들이 미래 사회에 도움을 줄 것이라는 강한 신념을 가지고 있었다. 다산은 자신에 대해서 정확히 인식할 뿐만 아니라, 미래의 트렌드에 대해서도 정확히 분석하고 대처하기 위해 항상 책을 써 나갔다. 그 결과, 현재 다산은 많은 사람의 존경을 받고 있으며, 많은 사람이 다산의 사상과 업적을 연구하고 있다. 다산이 당시의 사회에서 적당히 세상과 타협하고 이해하기도 어려운 유학에 심취하여 적당히 관직 생활로 인생을 마감했다면 역사 속에서 그를 기억하고 존경하는 사람은 없을 것이다. 그는 미래 사회에 대해서 정확한 트렌드를 예측한 것이다.

우리나라가 경제 성장을 시작하면서 1960년대에는 섬유·시멘트·비료 산업에 집중 투자하였으나 30년을 버티지 못했고, 1970년대에는 신발·화학·조선이 한국 경제를 이끌었으나 이 역시 1990년대에 들어서 컴퓨터·반도체에 자리를 내줬다. 지금은 IT와 인터넷이 국부 창출의 원동력으로 떠오르면서 한 시대를 누리고 있다. 그러나 곧 이들도 평균 30년이라는 산업 라이프 사이클에 따라 첨단에서 사양 산업으로 자리바꿈을 하게 될 것이다.

그동안 수많은 정책과 시범 사업이 기획됐다. 이 중 초고속 정보통신은 우리나라를 세계 최고의 인터넷 이용 국가로 만들었고, 스마트폰 역시 수출 산업의 효자 역할을 톡톡히 해냈다. 하지만 돌이켜 보면 부족한 점도 많았다. 200여 년 전에 다산은 이미 "국가 정책은 100년을 내다보면서 마련하고 시행하라."라는 말을 했다.

마이크로소프트는 도스DOS가 만들어낸 회사라고 부른다. MS-DOS는 마이크로소프트의 초창기에 빌 게이츠에게 수익의 대부분을 창출해 준 황금알을 낳는 거위었다. 최소한도의 광고나 개발비도 필요하지 않았으니 그야말로 팔리는 대로 순이익만 남았다. 그러나 현재 마이크로소프트는 MS-DOS를 팔지 않는다. 과연 누가 마이크로소프트에 막대한 이익을 가져다 주었던 MS-DOS를 무용지물로 만들었단 말인가? 장본인은 다름 아닌 마이크로소프트 자신이었으며, 그것도 의도적이었던 것이다.

회사에 커다란 이익을 가져다 주는 MS-DOS를 버리기란 정말 쉽지 않았을 것이다. 그러나 마이크로소프트는 MS-DOS가 막대한 수익을 올리고 있는 데도 불구하고 과감하게 MS-DOS를 버리고 MS-Windows 시장으로 진입하였다.

MS-Windows가 성공할 수 있을지 없을지도 모르는데도 그들은 MS-Windows로 세상의 변화하고자 노력하였다. 결과적으로 MS-Windows는 세상의 변화를 선도하였고, 이제 누구도 따라가기 힘든 세계에서 최고의 부자 회사가 되었다. 그러나 이제는 애플이 이를 따라잡았다. 마이크로소프트는 컴퓨터 시장에서 세계 최고의 OS를 만든다는 생각으로 정상의 자리를 지키려고 했지만, 애플은 스마트폰에서 아이폰 OS를 만들어 마이크로소프트를 제치고 스마트폰 분야에서 세계 최고의 OS회사가 된 것이다. 이처럼 성공하는 사람들의 특징을 보면 트렌드를 정확하게 읽고 세상의 변화를 선도한다는 것이다.

지식 기반 사회에서는 기업에 던져지는 과제도 역시 변화를 선도하는 것이다. 정보통신 기술의 혁명적 발전에 힘입어 세계화가 급진전되고 있어, 세계 1등만이 살아남는 무한 경쟁 시대에 변화를 선도하려면 한정된 인적·물적 자원을 핵심 역량에 집중하는 것이 무엇보다도 긴요하다. 또한, 기업이 보유한 지식과 정보가 부가가치를 창출하고 경쟁력을 높이려면 결국 미래를 정확히 볼 줄 아는 트렌드가 절대적으로 필요한 것이다.

변화에 대한 사람들의 태도는 주로 세 가지 타입으로 나뉜다. 변화를 문제가 아닌 기회로 삼아 적극적으로 활용하는 사람과 간신히 변화에 따라가는 사람, 그리고 변화나 문제를 활용하기는커녕 따라가지도 못하고 그 자리에 주저앉는 사람이다.

다산은 변화를 문제가 아닌 기회로 삼아 적극적으로 활용하였다. 따라서 다산은 자신을 버리고 남들이 따라오지 못할 트렌드를 읽고 대비하여 후세에 이름을 남길 수 있었다.

지름길로 가려면
멘토를 만들어라

성공한 사람들은 누구나 인생의 롤모델을 가지고 있다. 구체적인 롤모델이 존재하기 때문에 그를 닮기 위해 노력하다 보면 성공하는 것이다. 그래서 성공에 도달하기 위해서는 무엇보다 중요한 것은 성공한 멘토를 찾는 일이다.

멘토라는 말의 기원은 그리스 신화에서 비롯된다. 고대 그리스의 이타이카 왕국의 왕인 오디세우스가 트로이전쟁을 떠나며, 자신의 아들인 텔레마코스를 보살펴 달라고 한 친구에게 맡겼는데, 그 친구의 이름이 바로 멘토였다. 그는 오디세우스가 전쟁에서 돌아오기까지 텔레마코스의 친구, 선생님, 상담자, 때로는 아버지가 되어 그를 잘 돌보아 주었다. 그 후로 멘토라는 그의 이름은 지혜와 신뢰로 한 사람의 인생을 이끌어 주는 지도자라는 의미로 사용되었다고 한다. 따라서 멘토는 상대방보다 경험이나 경륜이 많은 사람으로서 상대방의 잠재력을 볼 줄 알며, 그가 자신의 분야에서 꿈과 비전을 이루도록 도움을 주며, 때로는 도전도 해줄 수 있는 사람을 뜻한다. 예를 들면 교사, 인생의 안내자, 본을 보이는 사람, 후원자, 장려자, 비밀까지 털어놓을 수 있는 사람, 스승 등을 들 수 있다. 다산에게도 인생의 멘토가 여러 명이 있었다.

첫째는 다산의 아버지다. 다산의 아버지는 이미 어린 정약용에게 글을 가르쳐 4세 때 《천자문》을 익혔고, 6세 때에는 《사서삼경》을 끝낼 만큼 아버지의 자식 사랑은 각별했다. 그리고 《목민심서》의 모델로서 모범적인 관리 생활을 하였다.

둘째는 중국 송나라의 학자였던 주희1130~1200년였다. 주희는 《자치통감강목》이라는 59권짜리 긴 역사서를 집필했는데, 정약용은 어려서 이 책을 모두 읽었다. 기원전 403년에서 기원후 960년에 이르는 역사를 다양한 시각에서 설명해 놓은 이 책을 통해 정약용은 "하나의 사실을 깨닫기 위해서는 여러 시각에서 바라보고 깊이 생각해야 한다."라는 것을 깨닫게 된다. 그 후 정약용은 새로운 것을 접하게 되면 그것과 관련된 다양한 시각의 책들을 동시에 읽는 습관이 생겼다.

셋째는 세종대왕1397~1450년이다. 세종대왕이 자신의 딸 정의공주와 글자를 연구할 때 책을 읽었던 방법이 '독서백편의자현讀書百遍意自見'인데, 한 권의 책이나 글을 백 번 읽으면 그 뜻이 저절로 이해가 된다는 말이다. 다산 정약용은 자신의 독서에 이 방법을 적용했다.

넷째는 성호 이익星湖 李翼이다. 다산이 두 살 되던 해에 성호 이익이 세상을 떠나 직접 가르침을 받을 수는 없었으나 성호의 유고遺稿를 보고 자신의 학문 형성에 큰 영향을 끼친 스승으로 삼았다. 다산은 이때를 다음과 같이 회고했다.

"서울에는 이가환李家煥 공이 문학으로 일세에 이름을 떨치고 있었고, 자형인 이승훈李承薰도 몸을 가다듬고 학문에 힘쓰고 있었는데, 모두가 성호 이익 선생의 학문을 이어받아 펼쳐 나가고 있었다. 그래서 나도 성호 선생이 남기신 글들을 얻어 보고서 흔연히 학문을 해야 되겠다고 마음을 먹었다."

이것은 지방 수재에 불과했던 다산에게 세상과 학문에 대한 새로운 시야를 열어주는 계기가 되었다.

다섯째는 정조였다. 오늘날의 다산이 있기까지에는 여러 사람들의 도움이 있었지만, 그중 큰 영향을 준 사람이 바로 정조이다. 개혁 군주이자 뛰어난 학자였던 정조는 다산을 보호해준 방패막이였으며, 동시에 경전에 관해 서로 토론하고 잘못된 점을 비판하였던 학문적 스승이자 친구였다. 또 쓰러져가는 나라를 바로 세우기 위해 의기투합하였던 정치적 동지였다. 다산은 그를 위해 배다리를 만들고 화성 축조를 위한 기술적 설계를 하고, 거중기를 만들었다.

성공하고자 하는 사람의 멘토로서 적합한 사람은 직장 상사가 될 수도 있고 친구도 가능하지만, 가장 확실하게 성공하는 방법은 자기가 가고자 하는 방향에서 성공한 스승을 찾는 것이다. 다산처럼 성공한 사람들을 멘토로 두고 그의 삶의 방식을 그대로 따라 하면 다산과 같이 성공하는 것이다. 성공한 사람을 멘토로 두기만 해도 때로는 성공한 스승의 삶과 나의 삶을 비교하면서 내가 미처 발견하지 못한 나의 장점과 단점을 발견할 수 있다.

　누구든 성공을 바라지만, 원하는 목표를 이룬다는 보장은 없다. 그러나 성공한 사람을 멘토로 둔다면 내가 원하는 기회는 쉽게 다가올 것이다. 따라서 성공하기를 원하는 사람은 다산처럼 훌륭한 스승을 인생의 모델로 삼아 보자.

성공하려면
적을 만들지 마라

다산의 인생에서 가장 힘들게 했던 악연이라면 서용보가 있
다. 서용보는 영조의 장인 서종제(徐宗悌)의 증손자이다. 그는 18
세에 문과에 올라 뛰어난 재능과 든든한 배경에 힘입어 승승
장구했다. 경기도 관찰사를 비롯하여 40대 초반에 벌써 판서
직에 올랐다. 그는 1800년 6월, 순조 즉위와 함께 우의정에
발탁되었다가 관직을 그만두고 향리로 돌아가 오랫동안 시끄
러운 세상에서 벗어나고자 하였다. 그러나 순조는 서용보를
불러 영의정에 앉혔다. 그는 순조 24년 68세 나이로 숨을 거
두었다. 서용보는 말 그대로 조선 후기에 누리고 싶은 권력을
모두 누린 정조와 순조 시대의 핵심 인물이었다. 그러나 이러
한 인물과 다산은 악연을 맺게 된 것이다.

다산이 33세 되던 해 정조의 은밀한 명에 의해 경기 암행어
사가 되었다. 다산이 맡은 지역은 적성, 마전, 연천, 삭녕이었

다. 다산은 민간에 암행하면서 백성들의 참혹한 현실을 직접 목격하였다. 백성의 참상이 수령과 아전들의 착취로 인한 것으로 파악하고, 제도를 악용하여 착취를 일삼는 탐관오리를 벌주기로 하였다. 다산은 암행을 마치고 서울로 돌아와 경기 관찰사인 서용보의 비리를 정조에게 고했다. 이 고발 사건으로 서용보는 정조의 분노를 사게 되어 해고당했다. 이로 인해 서용보는 다산에게 악감정을 갖고 정조 사후 철저하게 보복하게 된다.

서용보가 우의정이라는 높은 정승의 지위에 올라 온갖 권력을 휘두를 때 신유사옥이 터져 다산은 18년 동안 유배를 떠나야 했다. 이때 모든 대신이나 재판 관여자들이 다산을 석방하자고 했으나, 권력의 절정에 있던 서용보가 우기는 바람에 다산은 결국 유배를 가게 된 것이다.

서용보와 시작된 악연은 강진에서의 유배 생활 동안 몇 차례 풀려날 기회가 있었지만 서용보 등 반대파의 저지로 번번이 무산되었다. 다산이 풀려나면 자신들과 경쟁자가 될 수도 있다는 생각때문이었다. 다산은 구차하게 선처를 구하지 않았다. 무익한 일이 분명한데 자존심까지 잃을 수 없었다. 살아서 고향에 돌아가느냐 못 돌아가느냐를 모두 운명이라 여기고 그는 책 쓰는 일에 몰두하였다.

1818년 서용보가 벼슬에서 물러난 뒤에야 다산은 겨우 유배에서 풀려나 고향으로 돌아올 수 있었다.

그러나 악연은 여기서 끝나지 않았다. 마침 다산의 고향 근처에 퇴임하여 살던 서용보는 자신이 한 일에 대해서 미안했던지, 사람을 시켜 다산을 위문하고 위로하였다. 그러나 1819년(순조 19) 서용보가 영의정으로 다시 조정으로 들어갔을 때 다른 관료들은 다산을 재등용하려는 논의가 있었지만, 또다시 서용보가 적극 반대하여 다산은 벼슬길에 오를 기회를 놓치고 말았다.

악연은 이처럼 다산에게 끈질긴 것이었다. 다산이 서용보를 만나지 않았다면 유배를 가지 않았을 수도 있었고, 조선의 역사가 어떻게 바뀔지 아무도 예측할 수 없었을 것이다. 다만 한 가지 다행인 것은, 영의정을 지낸 서용보도 나름대로 이름을 남겼지만, 다산은 위대한 실학자이자 지식 경영자로서 후세 사람들의 추앙을 받고 있는 것이다.

격언 중에 "대충 참여하는 1,000명의 조직원이 혼신을 다해 참여하는 1명을 이길 수 없다."라는 말이 있다. 1,000명의 칭송을 받는 사람도 한 명의 적 앞에서는 죽을 수밖에 없다는 이야기다. 경호가 철두철미한 대통령의 외부 행사에서 저격수 한 명을 못 막는 것과 같다.

적이 되면 논리적이지도 않고 세상의 가치와는 전혀 다르게 오직 복수만을 꿈꾸기 때문에 타협이나 설득이 안 된다. 잘나가던 유명인들이 진위를 알 수 없는 폭로성 신문 기사로 인하여 사회에서 매장당하는 경우가 종종 있다. 최고의 정상에서 바닥으로 추락하는 경우에는 낙하산이 없다고 한다. 그만큼 충격이 크다는 것을 의미한다.

높이 성공한 사람일수록 자신의 신상 관리를 잘해야 한다. 어떠한 경우도 적을 만들어서는 안 된다는 것이다. 그래서 과거에 성공하는 사람들은 권위적인 사람들이 많았지만, 요즘 성공하는 사람들은 솔선수범하면서 자신의 것을 사람들에게 나누어 주는 사람들이 많다.

성공하려는 사람들은 정신없이 바쁘다 보니 자신의 앞길만 보고 생활하게 된다. 그러다 보면 자신의 성공이 남의 성공의 기회를 뺏어서 의도하지 않게 다른 사람들에게 아픔을 주는 경우가 있다. 그래서 성공하는 사람들은 항상 자신의 성공에 대하여 겸손해야 하며, 남에게 공을 돌려야 한다. 지금까지 쌓은 성공도 무심코 만든 1명의 적으로 인하여 수포로 돌아갈 수 있다는 생각으로 사람들과의 만남에서 신중해야 함은 물론 상대방을 배려하는 마음을 잊어서는 안 된다. 그래서 성공하고 싶은 사람은 절대 적을 만들지 말아야 한다. 적대감을 갖고 있는 한 사람이지만, 그가 만드는 악영향은 매우 크기 때문이다.

새로운 변화를 대비하라

조선 후기의 사회는 남의 것을 받아들이기보다는 남의 것을 배척하는 쇄국정책을 추진하였다. 이는 서양 제국의 침입으로 국권이 어려워지는 것을 이미 많은 나라에서 목격하였기 때문이다. 결국 조선은 쇄국정책으로 인해서 망국에 이르는 역사의 길을 걷게 된 것이다. 이러한 사회적 분위기 속에서도 다산의 서학에 대한 관심은 지대하였다. 그러나 당시의 조정과 사회 분위기는 서학과 서교, 즉 기독교와의 차이도 구별 못하고 정치적으로 반대파들의 몰락만을 추구하였다. 그러다 보니 서학을 공부한다는 것은 목숨을 내놓고 하는 것과 마찬가지라고 할 수 있었다. 실제로 다산이 귀양을 가게 된 계기가 된 신유옥사의 기록을 보면, 이가환과 다산의 둘째 형 정약종 등 300명의 백성들이 목숨을 잃었다.

다산은 유배지에서 서학사상의 연구를 쉬지 않고 계속적으로 받아들여야 한다는 주장을 펼쳤다. 《경세유표》를 읽어 보면 다산은 이용감利用監이라는 정부 부서를 새롭게 만들어 중국을 통한 서양의 과학 기술을 도입할 것을 강력하게 주장하고 있다. 세상은 변해가는 데 우물 안에 있는 조선이 세상의 변화에 적응하지 못하면 결국은 도태된다는 생각이었다. 다산은 변화하는 세상에 가장 적극적으로 대응하는 방법은 먼저 변화를 선도해야 하는 것이라고 생각하였다. 그래서 새로운 기술과 학문을 받아들여 우리의 것으로 만들어야 한다고 주장하였다.

다산은 중국의 발전된 문화 속에서 조선이 배워야 할 것이 많다고 생각하였으며, 《기계도감》이라는 책을 보고 거중기를 만들었듯이 다른 나라의 발전적인 문화를 통해서 우리의 것을 만들어야 한다고 주장하였다. 다산이 죽음을 두려워하지 않고 서학을 배워야 한다는 주장을 하게 된 것은 우리가 남의 발전된 것을 받아들이지 않으려 할 때 비로소 우리의 미래가 없음을 예측하고 있었기 때문이다. 그러나 당시 조선의 사회적 분위기는 변화보다는 안정과 현실의 유지를 원했기 때문에 다산의 생각은 매우 도전적이었고, 그래서 다산은 박해를 받을 수밖에 없었다.

오늘날 기술 문화의 발전과 변화의 속도는 날로 가속도가 붙어 가고 있다. 한 순간 기술의 발전을 잘못 읽게 되면 세계 역사 속에서 잊혀지고 만다. 한때 세계 최고의 국가나 기업도 시대적인 대응을 제대로 하지 못해 역사 속에서 잊혀진 사례들이 많다.

아그파는 1889년 세계 최초로 흑백 필름을 개발했으며, 엑스레이 필름을 출시하고, 1936년에는 세계 최초로 컬러 필름과 컬러 사진 인화지도 개발하여 필름계의 발전을 주도하였다. 그뿐만 아니라 세계적인 필름 업체로서 전 세계 필름 시장의 10% 이상을 차지하였다. 그러나 세계 최고와 세계 최초를 자랑하던 아그파는 2005년도 부도를 선언하면서 역사 속에서 몰락하여 사람들에게 큰 충격을 주었다.

디지털카메라의 보급으로 필름, 인화지 등 전통적 분야에서 급격한 매출 하락에 따른 누적된 적자를 이겨내지 못한 것이 주된 요인으로 알려졌다. 세상의 변화를 예측하는 직원들은 새로운 세상에 적응하기를 여러 차례 경영진에게 제안했지만 번번히 아그파가 세계 최고라는 자부심으로 인해 거부당했다. 결국 필름계의 왕좌에 있었던 아그파의 몰락은 필름 카메라에서 디지털 시대로 변화에 적응하지 못하고 아날로그만 고집했기 때문이다.

1976년 세계 최고의 뛰어난 기술력을 자랑하고 있던 코닥은 디지털카메라를 먼저 개발했지만 기존에 높은 수익을 내고 있던 필름 사업에 안주했다. 반면 경쟁사인 캐논, 올림푸스 등은 디지털카메라 분야에 더욱 집중했다. 결국 코닥은 연속 적자를 기록하고 '코닥의 몰락'이란 표현까지 쓸 정도로 아무도 알아주지 못하는 기업으로 바뀌어 가고 있다. 필름 생산에 안주하고 디지털로의 전환을 미룬 대가는 상당히 컸다. 후지필름도 1990년대 후반 한때 디카 시장 1위를 달리기도 했지만 캐논, 삼성 등 브랜드 가치가 높은 기업들이 경쟁적으로 진출하면서 현재는 국내 시장점유율 5~6위권으로 밀려난 상태다.

지난날 세계 최고의 가전제품 회사인 소니도 한때 음극선관 방식의 CRT 개발로 전 세계 디스플레이 시장을 주도했다. 당시 후발 주자였던 삼성전자와 LG는 소니를 이기려고 노력하였다. 삼성전자와 LG는 소니를 이기기 위해서는 CRT 개발보다는 평판 디스플레이를 선택하기로 하였다. CRT 개선만을 고수하던 소니는 LCD 중심의 평판 디스플레이 등장에 제대로 대응하지 못했다. 삼성전자·LG디스플레이 등 우리나라 기업에 고전을 면치 못하고 이제는 소니를 어느 누구도 세계 최고의 기업이라고 생각하는 사람은 없다.

우리나라에서 쌍벽을 이루던 삼성과 LG는 전자제품 시장을 놓고 치열한 각전을 벌이고 있다. 예전에는 서로가 비등한 위치에 있었으나 점점 삼성이 주도하는 시장으로 바뀌어 가고 있다. 이는 아이폰이 만든 스마트폰이 세계 시장을 지배하면서 삼성은 이를 지키려는 안간힘을 통해 갤럭시 S라는 스마트폰을 만들어 시장을 사수하였다. LG는 디스플레이 시장을 석권하겠다는 생각에 삼성의 스마트폰 개발을 대수롭게 생각하지 못했다. 그러나 세상의 대세는 스마트폰으로 급격하게 변화가 되어 LG가 스마트폰 시장에서 뒤처지는 굴욕을 당하게된다. LG는 순간의 선택을 잘못하고 뒤늦게 동참하여 갖은 새로운 제품을 지속적으로 만들었지만 결국 1등만 생각하는 스마트폰 시장을 놓치는 결과를 가져왔다. LG는 스스로 세계 최고가 될 수 있는 기회를 버린 것이다.

신제품을 사고 돌아서면 새로운 신제품이 시장에 나오는 시대에 살고 있는 우리에게 과거의 영광은 의미가 없다. 어제의 영광이 미래로 연결되지 않기 때문이다.

오늘날처럼 빠른 변화가 주도하는 세상에서 살아가기 위해서는 새로운 변화, 새로운 기술을 배워가야 한다. 변화하는 세상을 주도하기 위해서는 내가 먼저 변하는 것이다. 그러나 많은 사람들은 변화에 대응하기보다는 현실에 안주하고 변화를 거부하다 보니 세상의 변화 물결에 적응하지 못하여 도태되거나 잊히게 된다. 다산은 미래를 예감하여 우리들에게 세상의 변화에 적극적으로 대응하기 위해서는 새로운 것을 배워서 내 것을 만들라는 교훈을 남긴다.

5장

다산에게
인내를 묻다

인내 忍耐는 괴로움이나 어려움을 참고 견디는 것을 말한다. 통상 다산의 삶을 생각할 때면 '인내'라는 단어가 항상 떠오른다. 그가 살았던 세월을 생각해 보면 너무나 모질고 가혹하여 그 시간을 참고 견뎌냈을 다산의 심중이 짐작조차 되지 않기 때문이다. 다산은 당시 사람들의 평균수명이 35세를 넘지 않았던 시기에 75세의 인생을 살았다. 다산은 22세에 초시에 합격하여 성균관에 들어가 관직에 몸을 담기 시작하여 40세의 나이에 책롱册籠 사건으로 하옥되기까지 18년을 관직에 있었다. 그리고 40세부터 경기도 장기에서 유배를 시작하여 57세의 나이까지 전라남도 강진에서 18년을 유배 생활을 하였다. 세상에 나와서 뜻을 펼칠 시기에 그는 남쪽의 절박한 오지에서 세상을 등져야 했다.

당대 최고의 대우를 받던 형조참의를 지내며 세상을 변화시키려던 변혁적인 다산에게 18년의 유배는 지옥과 같은 날들이었을 것이다. 더욱이 다산이 유배를 당하던 날 그의 셋째 형 정약종은 사형을 당하고, 둘째 형 정약전은 신지도로 유배를 떠났으며, 다산이 55세에 강진에서 유배 중일 때 형 정약전이 유배지인 흑산도에서 사망하게 된다.

정조의 총애를 한 몸에 받으며 세상의 변화를 주도했던 다산은 깊은 나락으로 한없이 떨어졌지만 다산은 세상을 미워하거나 자신의 박복을 한탄하지 않았다. 그리고 그는 그 긴 시간들을 단순히 인내하며 기다리지도 않았다. 오히려 인격을 수양하고 자신의 학문을 완성하여 백성과 국가에 도움이 되는 방법을 찾아 실천하였다. 그는 자신이 권력을 가지고 있던 세상에서 하지 못했던 일들을 유배지에서 마음대로 글로써 세상의 변화를 계획하였다. 다산이 꿈꾼 나라를 정치적으로는 완성하지 못했지만 그는 수많은 주옥같은 저서를 통해서 그의 이상을 실현하였고, 후세들은 그로 인하여 더 많은 감탄을 자아내고 있다.

다산에게 유배는 고통스러운 기억이겠지만 당시의 사회는 다산이 가지고 있던 개혁적인 정책들이 시행되기에는 아직 성숙되지 못한 정치 상황을 감안한다면 잠시 떠나 있는 것이 오히려 더 나았을지도 모른다. 현실적인 대안과 실용적인 기술 능력까지 겸비한 다산으로서는 복잡하고 잘못된 시대에 살기 보다는 체계적인 학문을 연구하고 사람들에게 유용한 학문을 만들기에는 오히려 기회였을지도 모른다.

인생의 성공은 그 사람의 능력보다는 상황을 대하는 태도에서 더 많이 결정된다고 한다. 우리는 세상을 살아가면서 수많은 파도와 맞닥뜨리게 된다. 파도를 무서워하여 피하고 등지게 되면 파도에 휩쓸리고 말지만 파도에 맞서 그 속으로 뛰어들게 되면 새로운 가능성의 문이 열리게 된다. 고독과 괴로움의 쓴잔을 마주할 때마다 다산의 삶을 생각해 보자.

유배지에서 세상을 배우다

    사람들은 다산이 경상도 장기와 전라도 강진에서 두 번의 유배를 한 것으로 알지만, 사실은 세 번의 유배를 하였다. 첫 번째 유배는 예문관의 검열이 되는 과정에서 생긴 잡음으로 떠난 지 일주일이 채 못 되어 끝났기에 유배라 보지 않기 때문일 수도 있다.

    두 번째 유배는 천주교를 믿는 이는 역적의 형벌로 다스리겠다는 엄명에 다산의 형 약종이 천주교 관련 문서와 물건들을 안전한 곳으로 몰래 옮기다 발각된 이른바 '책롱 사건冊籠事件'으로 촉발된 신유박해 때문이다. 다산의 표현대로 붉은 옷 죄수들이 길을 메울 정도로 죽은 사람이 많았는데도 목숨을 겨우 부지한 다산은 경상도 장기로 유배를 떠난다.

    처음에는 혹독한 고문의 후유증과 정신적인 충격으로 인해 힘들어하였으나 곧 마음을 다잡고 저술 작업에 전념하게 된다. 그 결과 장기에서 다산은 상중에 입는 옷 문제로 기해년에 서인과 남인 사이의 예에 대한 논쟁을 다룬 《기해방례변》과 한자 발달사에 관한 《삼창고훈》, 그리고 한자의 발음과 뜻을 적어 놓은 옥편이라 할 수 있는 《이아술爾雅述》 6권을 저술하였다. 의금부에서 받은 모진 고문이 가져다 준 후유증으로 건강이 좋지 않았고, 사람들의 곱지 않은 시선을 받으며 궁벽한 산골에서 언제 풀릴지도 모르는 유배 생활 속에서도 붓을 놓지 않은 것이다. 하지만 이 저술들은 불행하게도 그 해 겨울 '황사영백서' 사건으로 다산이 서울로 압송되고 조사받는 경황 중에 분실되어 오늘에 전하지 않고 있다.

세 번째 유배가 바로 전라도 강진으로의 유배였다.

유배는 자신의 활동 무대를 빼앗고 아무것도 할 수 없게끔 사람의 환경을 강제적으로 바꾸는 잔인한 형벌이다. 그래서 유배를 가서 자신을 제대로 다스리지 못하면 화병으로 빨리 사망에 이르기도 한다. 유배는 한마디로 사람을 초라하게 궁지에 모는 형벌이기도 하고, 자신과 인내의 싸움을 해야 하는 것이다. 그러나 다산에게 유배는 고통만을 준 것이 아니라 참으로 값진 것들을 가르쳐 주었다.

실제로 다산은 유배 중에 왕성한 집필 활동을 통해서 지금까지 배우고 익힌 것들을 집대성하였다. 만약에 다산이 정치만 하였다면 자신의 신념을 실현하기 위하여 설득하고, 실천

| 다산초당

하는 것으로 시간이 부족하였기 때문에 이렇게 방대한 저서들을 집필할 수 없었을 것이다. 그러나 유배 생활의 단조로움 속에서 모든 시간을 저서를 집필하는 데 집중하였기에 가능한 것이었다.

다산의 형인 정약전도 유배지인 흑산도에서 생을 마감하기까지 세상을 배우고, 백성의 삶에 동화되어 《자산어보》라는 책을 남겼다. 《자산어보》는 흑산도에 귀양 가 있던 동안 조사하고 채집한 155종의 수산 동식물의 이

| 정약전의 흑산도 유배지

름과 분포 및 형태와 습속 등을 적은 것으로 3권 1책으로 되어 있다. 정약전은 위대한 동생의 업적에 가려 빛을 보지는 못했지만, 동생 정약용과 함께 혼란과 시련의 생활을 같이 하였으며, 다산의 정신적 지주였다. 그들은 서로 다른 유배지에 있었지만 간간히 소식을 듣고 서로의 성공을 기원하면서 학문적 동반자의 길을 걸었다.

특히 다산은 오지인 강진 시골의 무지렁이 백성과 어울려 지내면서 힘없고 가난한 백성이 당하던 압제와 핍박의 생생한 현장을 목격할 수 있었다. 다산은 그때까지 양반의 삶을 살았기에 백성들의 깊은 내막을 알기는 어려웠다. 그는 직접 모든 것을 목격하고 경험함으로써 한층 백성을 생각하고 그들에게 도움이 될 수 있는 방법들을 생각하게 하였다.

이렇게 하여 탄생한 것이 다산의 사회시 및 참여시라는 이름으로 발표된 시였다. 다산은 시인으로서도 2,500수가 넘는 탁월한 시를 지었다. 그의 시에는 핍박받는 백성을 구하고자 하는 깊은 사랑과 철학이 담겨 있다. 다산은 시를 통해 당대의 모순과 백성의 질곡을 여과 없이 비판하고 풍자하였다. 강자들의 횡포에 한없이 분개하면서 약자들의 지위 부상을 위한 애절한 절규를 시에 담아 압제 받는 백성의 대변자 역할을 하였다.

백성에 대한
애정으로 인내하다

　전라남도 강진은 다산이 18년 동안 유배 생활을 보낸 곳이다. 강진에는 다산과 관련된 사의재와 다산초당 등 두 곳이 있다. '황사영백서' 사건으로 체포되어 죽음은 겨우 면하였지만 형 약전과 함께 다시 유배 길에 올라 1801년 음력 11월 하순의 추운 겨울 날, 유배지 강진읍에 도착하였다. 사랑하는 가족들과의 가슴 아픈 이별을 뒤로하고 천 리 먼 길을 걸어온 유배객을 기다리는 것은 매서운 겨울바람과 백성들의 차가운 시선이었다.

　강진 사람들은 '천주학쟁이'로 쫓겨온 다산을 경계했으며, 다산이 누구인지도 알 수 없었다. 당연히 지역 주민들은 다산을 지역의 암적 존재로 여기고 상대조차 해주지 않았다. 다산은 할 수 없이 강진읍 동문 밖에 있는 주막으로 찾아 가서 방을 빌렸다. 강진에서 첫날밤은 이렇게 주막의 노파가 내준 허름한 방 하나에서 시작하였다.

노파는 당시 다산이 처음 강진에 유배 왔을 때 유일하게 그를 따뜻하게 받아준 사람으로 전해진다. 주민들의 시선도 곱지 못하고, 다산 스스로 인생의 곤두박질 속에서 절망감에 사로잡혀 있을 때였다. 그때 주막집 할머니는 "그냥 헛되이 사시렵니까? 제자라도 길러야 하지 않겠습니까?"라는 사려 깊은 말을 듣고 마음을 추슬렀다.

할머니의 배려에 겨우 거처를 정한 다산은 할머니의 격려를 듣고 억울한 유배의 억눌린 심정을 잊고 그제야 학문에 전념하기로 결심하였다. 이에 다산은 누추한 주막의 뒷방을 '사의재四宜齋'라 이름 짓고 1801년부터 1805년까지 4년을 머물렀다.

사의재란 다산이 '생각을 맑게 하되 더욱 맑게, 용모를 단정히 하되 더욱 단정히, 말을 적게 하되 더욱 적게, 행동을 무겁게 하되 더욱 무겁게'하겠다는 앞으로 삶의 목표를 다짐하며 붙인 이름이다. 다산은 사의재에서 머물며 강진읍의 여섯 제자를 키웠고 《경세유표》, 《애절양》 등을 지었다. 또한, 방대한 육경사서에 대한 저서의 시작으로 《예기》 연구에 열중하였다.

1805년 혜장 스님의 주선으로 강진 읍내 고성사 보은산방寶恩山房에서 겨울을 지내고, 1806년 가을에는 이학래의 집에 있다가, 드디어 동백꽃 피고 지는 1808년 봄에 전남 강진군 도

암면 만덕리 만덕산 기슭으로 자리를 옮기고 초당을 지었다. 그것이 바로 지금도 유명한 다산초당茶山艸堂이다. 다산은 1808년부터 1818년까지 약 10년간을 이곳에서 보냈다. 다산 정약용이 유배 생활을 했던 다산초당과 백련사를 오가는 길에는 유난히 차나무가 많다. 만덕산은 차나무가 많아 다산茶山으로 불렸다고 할 정도였다. 정약용은 이 다산이 좋아 자신의 호를 다산으로 정했다.

출세가도를 달리던 명문가의 엘리트 관료가 반대파의 모함으로 억울하게 남녘의 궁벽한 곳에 유배 오고서도 그들을 원망하거나 신세를 한탄하며 절망하지 않고 오히려 생각과 용모, 언어와 행동에서 의로움에 합당하도록 하겠다는 그의 다짐에 절로 고개가 숙여진다. 어떠한 굴욕과 탄압 속에서도 마음만은 자유를 만끽하며 금욕적으로 살아가겠다는 다산의 당당한 태도에 마음으로 깊이 존경하게 된다.

다산은 유배 전에도 백성에 대한 애정이 깊었지만 강진에 와서는 더욱 애정이 깊어졌다. 다산은 강진에서 조선의 백성들이 도탄에 빠지고 생활고에 시달리는 것을 알았지만 자신은 어쩔 수 없이 현상을 지켜봐야만 하였다. 그래서 그는 백성들에게 희망을 줄 수 있는 것은 학문에 대한 연구와 자신의 생각을 글로 남기는 것이었다.

인생은 수많은 선택을 요구한다. 또 수많은 시험을 동반한다. 삶은 고정적인 것이 아니라 변화무쌍한 과정이기 때문에 한 사람의 인생을 평가할 때 한 부분만을 평가할 수 없는 것은, 일부분이 그 사람의 전체 인생을 대변해주기 어렵기 때문이다. 특히 고난의 시기에 그가 어떠한 삶을 추구했는지, 고난을 받기 전과 일관된 삶인지 비교해 본다면 그 사람을 평가하는 데 많은 도움이 될 것이다. 바람이 불어 봐야 뿌리가 얼마나 깊은지 알 수 있고, 고난이 닥쳐 봐야 심지가 얼마나 굳은지 알 수 있다고 했다. 유배 생활 속에서 다산의 심지는 더 굳어졌고 백성에 대한 사랑은 더 깊어만 갔다.

뜻이 있는 곳에
인내가 있다

다산의 백성에 대한 애정은 굳이 유배 시절에만 그런 것이 아니다. 그가 황해도 곡산부사 시절에 직접 판결했던 이계심李啓心 사건을 보면 다산의 사상을 이해할 수 있다.

곡산부사로 있을 때 이계심이란 사람이 관아로 찾아와 백성들의 고통 12가지를 적어 바치며 엎드려 자수하였다. 사정을 알아보니 그는 전임 부사가 부당하게 세금을 징수하자 천여 명의 백성을 인솔하고 관청에 들어와 항의하다 결국 쫓기는 신세가 된 사람이었다. 관아의 아전들은 당장 체포하라고 하였으나 다산은 주위 사람들의 말을 듣지 않고 오히려 그냥 무죄로 석방하였다. 무죄로 석방하면서 다산은 이계심에게 말했다.

"수령이 선정을 베풀지 못하는 이유는 폐정을 보고도 수령에게 항의하지 않기 때문이다. 그대 같은 사람은 관청에서 마땅히 돈을 주고라도 사야 할 사람이다."

잘못된 정치를 보고 일신의 안전을 살피지 않고 항의하는 이계심을 헤아려주는 다산의 태도에서 백성을 사랑하는 정과 의리를 느낄 수 있다.

민주주의가 한참 발달한 지금에도 권력 비리를 고발하게 되면 그로 인해 보복을 받는 경우가 많은데, 정치적으로 성숙되지 못했던 조선에서 다산의 무죄 판결은 놀라운 일이었다. 더욱이 권력층에 저항한 백성을 방면했다는 것은 당시의 사회 분위기에서 용납될 수 없었기에 다산의 판결은 주변 사람들을 당혹하게 만들기에 충분하였다. 다산은 자신의 뜻이 옳으면 이처럼 주변의 어떠한 압력이나 유혹에도 굴하지 않았다.

우리가 무언가를 참고 노력하기 위해서는 먼저 큰 뜻을 세우는 것이 전제되어야만 한다. 이순신 장군은 32세라는 늦은 나이에 벼슬길에 나아갔지만, 한직으로 가거나 좌천되기 일쑤였다. 3도 수군통제사가 되었을 때 부산 앞바다를 공격하라는 선조의 명령을 어겼다는 이유로 압송되어서 모진 고문을 받았으며, 사형선고까지 받게 되었다. 그러나 후임 3도 수군통제사 원균의 패전으로 자신이 만든 모든 배들이 거의 침몰하게 되었고, 생사고락을 같이 했던 장병들이 죽었다는 소식은 더욱 가슴을 아프게 하였다. 그뿐만 아니라 백의종군으로 전라 좌수영으로 내려가는 도중에 어머니의 부의 소식을 접하고 임

종을 지켜보지 못하게 되어 인간적으로 큰 고뇌를 가졌지만 그는 좌절하지 않고 묵묵히 승리를 위하여 용기 있는 도전을 하였다. 보통 사람이었다면 자신의 성공적인 성과가 많음에도 불구하고 자신을 알아주지 못한 선조에 대한 불만이 많았을 것이며, 자신을 죽이려고 한 조선이 미웠을 것이다. 그러나 그는 개인적인 감정보다는 조국의 미래가 더욱 걱정이 되었던 것이다.

이순신 장군은 나라를 지켜야 한다는 것과 백성을 보호해야 한다는 큰 뜻이 있었기에 조정의 핍박을 견디어 내었다. 반면에 자신의 편함을 추구하는 조정의 소인배들은 국가나 백성의 안위보다는 자신의 이익만을 추구하였다. 그래서 이순신은 매우 인간적으로 고독하였지만 인내하였으며, 마침내 세상에 이름을 남길 수 있게 되었다. 이순신 장군이 큰 뜻이 없었다면 굳이 전쟁에 나기지도 않았을 것이며, 백의종군하지도 않았을 것이다. 즉 인내를 해야 할 이유가 없었을 것이다.

다산은 먼저 백성을 위한 뜻을 세웠기에 어떤 두려움도 없이 백성만을 바라보며 일을 해 나갈 수 있었다. 이익을 탐하는 정치꾼에게는 계산해야 할 것들이 많지만 오직 백성만을 위하는 큰 원칙을 가진 다산의 삶은 차라리 단순하였을 것이다.

우리도 인내를 배우려면 먼저 뜻을 크게 세우고 원칙에 따라 행동하는 삶을 배워야 하겠다. 그렇게 한다면 다산이 유배의 고난을 일상의 삶으로 승화하였듯이 우리의 삶도 그리 복잡하지도 않고 쓸데없는 걱정으로 가득 차지도 않을 것이다.

당시 그의 글인 〈원목原牧〉을 보면 백성들을 등에 업고 투쟁하면 이기지 못할 싸움이 없다고 주장했던 생각이나, '목위민유牧爲民有·통치자는 백성을 위하는 일을 할 때만 존재 이유가 있다'라고 선언한 그의 사상은 역시 백성들의 힘을 가장 구체적으로 발견해 낸 선각자의 철학이었다.

때를 기다리는 인내를 배우다

주나라의 강태공이라는 사람은 때를 기다리는 지혜를 가지고 있었던 사람으로 유명하다. 보통 낚시로 시간을 보내는 사람을 강태공이라 부르는데, 강태공은 중국 주나라의 정치가로서 실존 인물이다. 원래 강태공의 본명은 '여상'인데, 세월을 낚는다는 뜻에서 강태공이라고 하였다.

여상은 주나라 여▫ 지방 명문가의 자손으로 태어났지만 그의 대에 이르러 가세가 기울어 생활이 몹시 궁핍했다. 그래도 언젠가는 천하를 다스리겠다는 꿈을 안고 실력을 쌓았으나 백발이 될 때까지 기회가 오지 않았다. 그의 아내가 허송세월만 보내는 남편을 견디다 못해 친정으로 돌아가 버릴 정도였다. 아내마저 떠났지만 여상은 낚시에 전념하면서 기회를 기다렸다. 그의 나이가 70세가 되어서도 기회가 반드시 올 것이라고 생각하고 포기하지 않았다.

어느 날 당시 주나라 왕이던 서백이 여상을 직접 찾아왔다. 그날 서백은 사냥을 하러 가기 전에 점괘를 보았는데 무슨 영문인지 선왕인 태공이 왕을 보필할 신하가 나타나리라고 예언하는 점괘가 나왔다. 그리고 그 모습까지 하나하나 또렷이 그려 주었는데 그가 바로 여상이었다. 서백은 몇 마디 말을 건네고 됨됨이를 파악한 뒤 여상을 즉시 최고의 자리에 임명했다.

여상은 수십 년 동안 갈고 닦은 실력으로 주나라 서백을 보필하며 나라를 통치하는 데 온힘을 쏟았다. 병법과 인재 등용법, 그리고 군왕의 도리와 나라를 다스리는 일까지 그는 마치 인자한 친아버지처럼 서백 왕을 가르쳤다.

여상은 70년간 자신의 뜻을 펼칠 수 있는 날을 기다리면서 기회를 기다렸다. 남들은 이미 포기하고도 남을 세월인데도 여상은 세상을 원망하지 않고 준비하면서 때를 기다린 것이다.

결국, 여상은 충분한 준비를 해놓았기에 최고의 자리에 올라갈 수 있었다. 막연한 기다림이 아니라 선견지명으로 준비하면서 자신이 원하는 것을 얻기 위해 노력한 것이다.

때를 기다린다는 것은 아무것도 하지 않고 세월을 낚으면서 시간을 허비하는 것이 아니다. 준비하고 언제든 어떤 상황이든 자신에게 기회가 주어졌을 때 그 상황에서 정면 승부를 할수 있는 완벽함을 만들어 가는 것이 바로 때를 기다는 일이라고 할 수 있다.

다산도 유배지에서 세월을 마냥 기다린 것이 아니라 때를 준비하면서 기다린 것이다. 그의 주옥같은 작품들이 세상에 빛을 낼 때가 있을 것이고, 후세 사람들의 길을 안내하리라는 생각을 가지고 책을 저술하였을 것이다. 책이란 자신을 위한 것이라기보다는 남들에게 지식을 남겨주기 위해서 하는 것이기 때문이다.

유배지에서 자신을 버린 세상을 한탄만 하고 지나갔다면 역사는 다산을 기억하지 못할 수도 있다. 그러나 다산은 자신이 가진 세상을 보는 눈과 지혜를 혼자 알고 죽기에는 너무 아까웠을 것이다. 그래서 자신이 가진 지식을 나누어 주기 위해 죽을 힘을 다해 집필하였을 것이다. 비록 당대에는 빛을 보지 못했지만 오히려 죽고 나서 살아 있을 때 받았던 추앙보다 높은 추앙을 받고 있다. 바로 미래를 보며 때를 기다린 지혜 때문이다.

여상이 세월을 낚으며 인고의 세월을 기다렸듯 다산은 그 시간을 하늘이 주시는 약으로 알고 자신의 사상과 철학을 완성하는 시간으로 하루하루를 조각해 나갔다.

디지털 시대인 현대에서 때를 기다리는 일은 초스피드 시대에 맞추어 IT 관련 기술을 익히고 미래를 내다보면서 공부하는 것이다. 과거에 잘 나가던 일, 남들이 알아주던 일도 빠른 변화 앞에 시간의 흔적만 남기고 사라져 가는 경우가 부지기수라는 사실을 알아야 한다. 과거에 연연하면서 때를 기다리

는 것이 아니라 10년, 20년 뒤를 내다보면서 준비하는 사람만
이 진정으로 때를 기다리는 다산의 정신이 절대적으로 필요한
때이다.

집필로 고난을 이겨내다

"하늘이 장차 그 사람에게 큰일을 맡기려 할 때는 반드시 먼저 그 몸과 마음을 수고스럽게 하여 뼈마디가 꺾어지는 고난을 당하게 한다."라고 맹자는 말하였다. 세상에 태어나 큰일을 하려면 큰 고난을 당해야 한다는 것이다.

다산은 평생을 따라다닌 '천주학쟁이'라는 붉은 꼬리표 때문에 수많은 시련과 고난을 겪는다. 율곡 이이가 젊은 시절 잠깐 금강산에 들어가 불교를 공부했던 것이 오랫동안 그를 비난하는 사람들에게 좋은 구실로 이용되었듯이 원하지 않은 족쇄를 차고 다녀야만 했다.

지금으로 치면 청와대에서 대통령을 가까이 모시는 비서관으로서 장래가 촉망되는 유능한 엘리트 관리이던 다산은 천주교 문제 때문에 하루아침에 지방의 미관말직으로 좌천된다. 또 관직을 그만두고 고향에서 은둔하고 있다가 역시 천주교와 관련된 옥사에 연루되어 한 번은 경상도 장기현으로, 한 번은 전라도 강진으로 유배를 간다.

개인에게는 견딜 수 없는 고통과 시련이건만, 다산은 좌절하지 않고 오히려 책을 놓지 않으며 학문 연구에 전념하는 학자로서의 모습을 잃지 않았다. 아니 괴로움을 잊고 마음의 평정을 얻는 방편으로 학문에 전념했는지도 모른다.

역사적으로 지식인들은 어려운 시기에 이중적인 태도를 취함으로써 후대에 비난과 부정적인 평가를 받는 경우가 많이 있다. 하지만 다산은 일관된 노력으로 처음과 끝이 똑같았으니 후세에 지식인의 전형적인 모범을 보인 것이다.

이순신은 조선에 태어나 무인으로 관직을 시작하여 23년간 3번의 파직을 당하고, 1번의 사형 선고를 받았으며, 2번의 백의종군을 겪는 수모와 고통을 당하면서도 자신의 꿈과 희망을 지켜냈다. 권력에 굴하지 않는 용기와 스스로 옳다고 믿는 신념을 가지고 맡은 일에 최선을 다하고, 희망을 잃어버린 백성을 높이 섬기는 배려를 하였으며, 자신을 모함하는 소리에도 의지를 굽히지 않고 오직 바른길을 걸었다. 이순신은 여수의 전라좌수사로 부임한 지 1년 2개월 만에 수군을 굳건하게 키워내고, 거북선을 만들어 전쟁에 대비하여 23전 23승을 하였다. 그리고 마지막 전투에서 적의 흉탄에 전사하였다. 이순신 장군은 생전에 숱한 고난을 당하고 행복한 삶을 누리지 못했다. 그러나 죽어서 더 큰 사람이 되었다. 세계의 명장들이 이순신 장군의 전사를 배우고 위대한 인간성에 대하여 흠모하고 있기 때문이다.

다산은 산수를 벗 삼아 할 일 없이 세월을 보내거나, 임금에 대한 충성으로 좋은 소식만을 기다리는 보통의 유배객과 달랐다. 다산은 고난 속에서 핍박받는 백성들에 대한 한없는 사랑을 바탕으로 국가의 총체적 개혁서라 할 수 있는 《경세유표》와 목민관이 반드시 지켜야 할 사항들을 적어 놓은 《목민심서》 등을 저술하였다. 죽기 2년 전, 73세의 고령에도 유배 시절 쓴 《상서尚書》를 개정·보완하면서 생을 마감하였다. 여기서 우리는 어떠한 순간에도 공부를 포기해서는 안 된다는 사실을 배우게 된다.

공부는 인간의 존엄성을 지키는 가장 훌륭한 방법이요 길인 까닭이다. 다산은 평생을 살면서 많은 저서를 집필하였지만 특히 유배 시기에 그의 저술 활동은 왕성하였고, 나중에 유배에서 풀려나 고향으로 돌아가서도 집필은 멈추지 않았다. 그는 살아 있는 동안 530여 권의 책을 집필하였다. 가히 그의 작품 수에서도 놀랍지만 그의 작품이 하나하나 역작이라는 것이 다산을 존경하게끔 만든다.

성공에 이르는 과정에는 수많은 난관과 시련이 도사리고 있다. 대부분의 사람들은 이러한 난관과 시련을 이겨내지 못하고 중도에 포기하기도 한다. 하지만 실패와 좌절 속에서 자신의 원래의 꿈을 목표에 도달할 때까지 도전할 수 있는 힘, 그 힘은 바로 열정에서 온다. 열정은 불타오르는 세찬 감정을 말한다.

주변을 돌아보면 거의 실현 불가능한 것처럼 보이는 목표의 실현을 위해 무모하리만치 저돌적으로 돌진하는 사람이 있는가 하면, 별로 대단하지도 않은 난관 앞에서 주저앉아 무기력하게 하루하루를 보내는 사람도 있다.

왜 이런 차이가 생기는 것일까? 달리 말하면 열정의 크기나 강도가 왜 사람마다 다른 것인가? 이 문제에 대한 해답을 얻기 위해서는 열정이라는 것이 도대체 무엇에 기인하여 생기는 것인가를 살펴볼 필요가 있다.

역사를 바꾼 사람들의 열정은 바로 사명감을 통해 생겨났다. 인류를 구원하기 위해 십자가에 못 박힌 예수, 평생을 헐벗고 가난한 사람을 위해 헌신했던 테레사 수녀, 그리고 혁명가로 살다 39세의 젊은 나이에 이국땅 남미 볼리비아에서 죽음을 맞이한 체 게바라 같은 사람들이 그 좋은 예가 될 것이다. 다산의 생애는 시련의 연속이었지만 새로운 변화를 이끌어야 한다는 사명감으로 고난을 이기며 집필하였다. 다산에게 있어서 집필은 새로운 창조와 승화의 과정이었다.

학문으로 절망을 인내하였다

　다산은 15세 때 아버지가 호조좌랑이 되어 남양주에서 한양으로 벼슬살이 갈 때 따라가게 되었다. 다산은 한양에서 성호 이익의 종손 이가환과 누이의 남편인 매형 이승훈 등을 만나면서 인생의 전환점을 맞게 된다. 남양주의 조그만 시골에서 좁은 세상만을 보았던 다산은 당대 실학의 최고였던 이익의 학문을 이어받아 발전시키던 이들을 만나 교류하며 학문에 뜻을 두게 되었다.

　다산은 성호 이익 선생의 학문 세계를 만나면서 인생에 뚜렷한 목표를 세우고 그를 인생의 롤모델로 삼았다. 다산은 존경하는 사람에게 직접 가르침을 받을 수는 없었으나, 사람의 도道나 학문을 본으로 삼고 배우는 것을 이르는 사숙私淑을 하였다. 이익 선생에 대해 연구하면 할수록 선생의 위대함에 머리가 숙여졌지만 유고가 제대로 정리가 되지 않았음을 아쉬워

했다. 다산은 나서서 성호 선생의 유고를 정리하기로 결심하고 뜻있는 후학들을 모아 정리해 나갔다. 당시 후학들과 만나 그 경과 기록을 적은 《서암강학기西巖講學記》를 낼 정도로 성호 선생의 학문에 대한 열정은 누구보다도 깊었다.

다산은 한때 천주교에 관심을 두었다는 것 때문에 반대파로부터 모함을 받아 관직 품계가 여섯 계단이나 떨어져 지방의 한직으로 좌천되면서 자신을 알아주지 못하는 세상을 한탄도 했다. 그러나 이익 선생의 유고를 정리하겠다는 커다란 목표가 있었기에 슬퍼하거나 술로 세월을 보내지 않았다. 절망 속에서도 이익의 유고를 정리하면서 자신의 발전의 기회로 삼았다. 다산은 이 시련의 세월 속에서도 절망에 빠지지 않고 자신을 거대한 나무로 만든 성호 이익의 유고를 정리하였다. 결국 이익의 유고는 다산학의 기초가 되어 후세에까지 남게 되었다.

다산의 학문에 대한 열정은 비단 이익의 학문만이 아니라 이황과의 만남에서도 그대로 나타났다. 다산은 이황의 문집인 《퇴계집》을 읽고서 퇴계의 깊은 학문 세계에 또 한 번 감동하고 흠모하게 되었다. 그는 퇴계집을 읽으면서 퇴계의 깊은 사상을 이해하고 이황을 사숙하였다. 다산은 항상 새로운 사실에 대해서 알게 되거나 공부를 하게 되면 책으로 엮었는데, 퇴계에 대한 공부를 하면서도 자신이 공부한 내용을 기록한 《도산사숙록陶山私淑錄》을 지었다. 다산은 책을 집필하면서 관련된 사람을 존경하고 마음속으로 모셨다.

다산의 생애에서 이익의 학문 세계와의 조우는 다산의 어려운 시기를 인내하게 하는 힘이 되었고, 이익의 유고를 정리하면서 오히려 인생의 역전을 가져온 것이다. 다산은 어려울 때일수록 성호 이익과 퇴계 이황을 사숙私淑하며 그들의 위대함을 기리며 흠모하였다. 돌아가신 분의 학문 세계를 접한 것만으로 영원한 인생의 스승으로 삼은 것이다. 보통 사람들과는 다른 다산의 사숙하는 자세는 지식인으로서의 참모습이요, 200여 년의 시간을 뛰어넘어 오늘날에도 공부하는 사람들의 좋은 귀감이 되고 있다.

고독을 학문으로 인내하다

외로움에 대한 국어사전의 의미는 '홀로 되어 쓸쓸한 마음이나 느낌'이며, 고독은 '세상에 홀로 떨어져 있는 듯이 매우 외롭고 쓸쓸함'이라고 되어 있다. 외로움은 외부적인 영향으로 느끼는 것으로 타인에게서 오는 것이라면, 고독은 내부적인 것으로 자기 내면에서 오는 것이라고도 한다. 이를 종합해 보면 외로움은 아는 사람이 없어서 오는 쓸쓸함을 말하며, 고독은 사람은 많으나 홀로 떨어져 마음의 빈자리를 채우지 못하는 데서 오는 매우 쓸쓸함을 말한다.

공자는 "한겨울 추운 날씨가 된 다음에야 소나무, 잣나무가 시들지 않음을 알 수 있다."라고 했다. 사자성어 중에 염량세태炎凉世態라는 말이 있다. 사마천이 말한 것으로 "권세와 이득을 바라고 합친 자들은 그것이 다하면 교제 또한 성글어진다."라는 뜻이다. 세력이 있을 때는 아첨하여 따르고 세력이 없어지면 푸대접하는 세상 인심을 뜻한다. "정승 집 개가 죽으면 사람이 몰려들어도 정승이 죽으면 개 한 마리 얼씬하지 않는다."라는 속담이 있다. 특히 정치인들에게 이러한 현상이 더욱 심하다. 한때 권력을 쥐게 되면 그 집안의 애경사에는 사람들이 인산인해를 이루지만, 그가 지위에서 물러나게 되거나 정치적으로 핍박을 당하면 사람들은 자신에게 피해가 돌아올지 몰라서 오히려 관계를 단절하는 경우가 많다.

추사 김정희는 1844년 제주도에서 제자 이상적에게 〈세한도〉를 그려 보냈다. 5년째 유배 생활을 하는 불우한 자신에게 북경에서 구한 귀한 책들을 보내주며 쏟는 한결같은 마음에 감동해서다. 추사는 세한도 왼편 공간에 그림을 그리게 된 연유를 "지금 세상은 온통 권세와 이득을 좇는 풍조가 휩쓸고 있지만 그대는 잇속으로 나를 대하지 않아서 너무 고맙다."라고 적고 있다. 평상시에는 책을 보내주는 일 정도는 별일도 아니지만 고독한 유배 생활을 하던 김정희에게는 너무나 고마운 일이었다.

다산은 강진의 유배 생활 동안 동네 사람들이 대역죄인이라고 멸시하는 것과 지인들이 자신을 멀리하는 것을 경험하고 깨달았다. 한때는 자신의 높은 자리에 머리를 조아리고, 찾아들었던 사람들도 권력에 피해를 당하지 않기 위해서는 다산과 적당한 거리를 두는 것이었다. 다산은 이러한 사람들의 변화를 느끼며 권력에 대한 무상을 느꼈다.

다산은 유배 생활 중 절친했던 윤영희라는 친구에게 다음과 같은 내용의 편지를 보냈다.

"7년간 유배지에 있다 보니 노비들도 나와 대화를 하지 않으려 하네. 낮 동안 보이는 것이라고는 구름의 그림자와 하늘의 색밖에는 없고, 밤 동안 들리는 것이라고는 벌레 울음소리와 바람에 불리어 나는 대나무 소리뿐이네."

얼마나 자신의 처지가 기구하면 이런 편지를 보냈을까 생각해 보면 다산이 가진 고독은 바윗덩어리처럼 컷다는 것을 알 수 있다.

57세의 나이에 강진에서 돌아와 고향 남양주에 정착하게 되었을 때에도 조정의 감시가 심하고 복권이 이루어지지 않아 자신의 신세가 기구하다고 자책도 하였다. 그러나 자신의 처지에 대해 비관하여 절망에 빠지진 않았다.

다산이 양평의 후배 벼슬아치인 여동식에게 보낸 편지에 이런 구절이 있다.

"내 집 문앞을 지나면서도 들르지 않는 것은 이미 관례가 되었으니 원망하지 않네. 그러나 세상의 괴로움 중에 남들은 기뻐하는데 나만 슬퍼하는 것보다 더 심한 것은 없고, 세상의 한스러움 중에 나는 그를 생각하건만 그는 나를 까맣게 잊고 있는 것보다 심한 것은 없네."

다산은 자신과 인연을 맺었던 사람들이 자신과의 연락을 끊고 관계를 갖지 않는 것에 대해 원망하지 않았다. 현실의 한계를 충분히 인식하고 있었던 것이다. 그래서 자신이 지인들에 대해 갖는 애정만큼 자신이 가진 고독이나 고통이 크다는 것을 조용히 표현하였다. 다산은 많은 사람을 알고 있었지만 정작 자신의 외로움과 고통을 같이할 사람이 없었다. 그래서 다산은 고독하였던 것이다.

다산은 아무도 알아주지 않고 미래에 대한 보장이 전혀 없는 상태에서 자신과의 처절한 싸움을 벌였다. 이대로 만족하면서 평범한 삶을 살다가 죽을 것인지, 아니면 자신이 가진 생각을 책으로 남길 것인가를 고민하였을 것이다. 일반적으로 평범한 사람들은 절망이 찾아오면 모든 것을 포기하지만, 다산은 자신의 고독을 오히려 학문을 통해서 표현하였으며, 학문의 대업을 이루었다.

비전으로 절망을 인내하였다

    빌 게이츠는 세계 최고의 부자이다. 마이크로소프트 회장인 그에게는 그를 돕는 수많은 부하 직원이 있다. 마음만 먹으면 그의 생각까지 읽는 직원을 두고 일할 수도 있다. 그럼에도 불구하고 빌 게이츠는 매년 두 차례씩 미국 서북부에 있는 한 별장에 은둔해 마이크로소프트의 장래를 결정할 전략과 아이디어 연구에 몰두한다. 일주일 남짓한 이 기간엔 마이크로소프트 직원은 물론 가족이 방문하는 것도 거절한 채 홀로 다양한 생각을 정리하는 '생각 주간Think Week'을 보낸다는 것이다. 빌 게이츠의 이 생각 주간이 마이크로소프트의 미래를 결정하는 시간이고 비전을 세우는 시간이다.

    페스탈로치는 18세기 스위스의 교육 개혁가로 근대 교육의 아버지라고 불린다. 그는 빈민 교육을 주창했고 학생 자신의 능력을 강화시킬 수 있도록 고안된 교수법을 강조했다. 페스탈로치는 1771년에 '노이호프'라는 농민 학교를 설립하여 아내와 함께 어려운 농민의 자제들을 교육시키는 일을 시작하였으나 얼마 못 가 실패하고 말았다. 그리고 1774년에는 빈민 학교를 설립하여 가난한 집안의 아이들을 교육시키는 일을 시작하였지만, 또 실패하였다. 그러나 몇 년 후 페스탈로치는 또다시 고아원을 설립하여 80여 명의 고아들을 가르쳤지만 이 역시 실패하고 말았다.

실패한 후 사색과 저술 생활로 세월을 보냈다. 그러나 페스탈로치는 이처럼 거듭되는 실패에도 굴하지 않고, 어린이만의 고유 세계가 있는 인격체로 존중해야 한다는 비전을 가지고 그의 모든 삶을 다 바쳤다.

그는 살아 있을 때는 계속되는 실패와 사회의 냉대를 받았다. 그러나 그는 전 생애를 통하여 온갖 고난과 역경을 참으면서 언제나 교사로서의 뜻을 굽히지 않고 교육이라는 외길을 걸으며 자신이 가진 비전을 강하게 실천하면서 삶을 마감하였다. 그의 묘비명을 보면 "모든 것이 남을 위해서였으며, 자기 자신을 위해서는 아무것도 하지 않았다."라고 새겨져 그의 교육에 대한 모든 것을 단적으로 나타낸 것이라 할 수 있다.

6 · 25동란 때 납북된 위당 정인보 선생은 "조선의 역사를 알려면 다산을 공부해야 한다."라고 하였다. 그만큼 다산은 한자가 생긴 이래 가장 많은 저술을 남겼으며 사상, 정치, 행

정, 지리, 의학, 과학 분야 등 다양한 분야를 섭렵하였다.

다산은 참으로 고뇌하는 참 지식인이었다. 다산은 자신의 전공 분야가 아니라 할지라도 그것이 필요한 것이라면 스스로 공부하여 알아내었고, 또한 대중화하여 백성들의 삶에 보탬이 되도록 노력하였다. 요즘은 자기 전공이 아니면 다른 분야에 대하여 잘 알지도 못할 뿐만 아니라 알려고도 하지 않는 모습을 자주 볼 수 있다. 하지만 지식은 인간이 필요로 할 때 쓰일 수 있어야 하고, 필요하다면 자기 전공이 아니라도 언제든 배울 수 있어야 한다는 것을 다산은 솔선수범하였다. 이러한 다산의 비전은 무엇이었을까? 다산이 강진에서 유배 기간에 적은 〈견우〉라는 시를 보면 다산의 심중이 그대로 드러나 있다.

백성들 굶주려도 나를 원망 못할 거고
백성들 사나워도 나 알 바 없다네
후세에 나를 두고 말하는 이들
뜻을 얻었더라면 무언가 해냈으리라 했겠지

자신의 능력으로 백성들을 배부르게 먹이고, 백성들의 불만을 제거할 수 있음에도 불구하고 그를 먼 바닷가에 유배를 시켜 세상에 나와 일할 자격을 빼앗아 버리니 그 일하고 싶은 마음은 이를 데 없다. 그는 자신의 뜻을 펴고 싶은 것이 자신의 비전이었다. 그러나 현실은 용납하지 않았다.

두 아들에게 보내는 편지에서 다산은 자신의 비전을 이렇게 적었다.

"선비가 책을 저술해 세상에 전함은 오직 한 사람의 알아줌을 구하는 것이어서 온 세상 사람들의 꾸짖음이야 피하지 않는다. 만약 내 책을 알아주는 사람이 있다면 그의 나이가 많으면 너희는 아버지로 섬기고, 너희와 엇비슷한 나이라면 형제의 의를 맺어도 옳을 것이다."

다산이 어려운 처지에서도 글을 쓰게 된 비전은 자신의 지식을 후세에 전하는 것이었다. 다산은 세상 사람들이 알아주지 않아도 한 사람이라도 필요하다면 기꺼이 자신이 쌓은 지식을 전하기 위해 책으로 남겼다. 그의 이러한 노력은 다산이 살아 있을 때도 알아주는 사람이 줄지어 나타나게 되었고, 죽어서도 그를 추모하고 공부하는 사람들이 점점 늘어가고 있다.

세월이 바뀌어도 진리는 영원한 것처럼 다산의 저서들은 세월이 바뀌었어도 우리에게 아직도 유용한 지식으로 자리를 잡고 있다. 오늘날 행동하지 않는 지식인들에게 다산은 지식인이 나아가야 할 방향을 제시해주고 있다.

차茶를 사랑해라

    다산茶山이란 호는 다산이 전남 강진에서 귀양살이를 할 때 차나무가 많아 다산茶山으로 불리는 만덕산을 좋아하여 자신의 호를 다산으로 정했다. 다산은 만덕산만 좋아했던 것이 아니라 실제로 차도 좋아하였다. 다산의 차에 대한 애정은 걸명소 乞茗疏란 유명한 편지글에 잘 나타나 있다. 걸명소는 다산초당 유배 시절에 아암선사인 혜장 스님1772~1811에게 차를 보내주길 간절히 부탁하는 내용으로 차를 사랑하는 마음이 잘 표현되어 있다.

    다산은 1805년 겨울 혜장 스님의 주선으로 강진 읍내 고성사 보은산방寶恩山房에서 1806년 가을까지 보냈다. 보은산방에 기거하면서 혜장 스님이 내 주신 차를 마시면서 생활하였는데 이 맛을 잊지 못하니 차를 보내 달라고 애절한 마음을 표현하고 있다.

걸명소의 내용을 보면, 다산은 백련사의 혜장 스님에게 기력이 쇠약하고 정기가 부족하여 산에 나무하려도 못 가고 병든 큰 누에처럼 생각만으로 차를 마시고 있으니, 명산名山의 진액이며 풀 중의 영약으로 으뜸인 차를 좀 보시布施하기를 목마르게 바란다고 적고 있다. 또한, 걸명소에는 차에 대한 다산의 해박한 지식이 잘 나타나 있다.

차는 차나무의 어린잎을 가공하여 만든 것을 말하며, 이것을 뜨거운 물에 우린 음료 역시 차라고 한다. 처음부터 차는 마시는 음료로써 이용된 것은 아니고, 음식과 약의 기능을 갖는 '식약동원食藥同源' 소재로써 이용되기 시작하여, 천지의 신과 조상의 제례에 사용하면서 점차 일상생활 중에 마시는 기호음료로 정착되었다.

기록상으로 나타난 차의 전래는 《삼국사기》와 《동국통감》에 의하면 최초로 차가 한국에 들어온 것은 신라 27대 선덕왕632~647때이며, 828년흥덕왕 3년 신라 사신 대렴大廉이 당나라에서 소엽종의 차나무 종자를 가져와 지리산에 심은 데서 비롯되었다고 한다. 이 지역의 명사찰인 쌍계사와 화엄사, 그리고 월출산의 도갑사 등을 중심으로 점차 전파되어 53대 신덕왕 때부터는 매우 성행하였다고 한다.

차는 암을 예방하고 피부 노화를 방지하는 효능 외에도 모세혈관의 저항력 증진 효과, 소염작용 효과, 심장 질병에 대한 효과, 간염 치료 효과, 체온 조절 효과, 충치 예방 효과, 방사선 동위원소 침착 방지 효과, 신진대사 촉진 및 인체기관 내의 비타민 C 유지, 정상적인 눈과 녹내장 환자들의 눈에 대한 압력 감소 효과 등이 있다.

다산의 18년 동안의 고독한 강진 유배 생활에서 말없이 따뜻한 위로를 해주던 친구는 그윽한 차 향기와, 그리고 더불어 다도를 즐기며 말동무가 되어 주던 혜장과 초의 두 선사禪師였다. 다산은 유배 중에 심한 우울증과 분노로 화를 제대로 다스리지 못하여 몸이 좋지 않은 적이 많았다. 다산에게 있어 차는 하나의 마시는 음료이기보다는 건강을 지켜줄 수 있는 유일한 보약이었을지도 모른다.

다산은 귀양에서 풀려나 남양주의 고향 집으로 온 후에도 초의선사나 강진의 제자들이 보내주는 차를 계속해서 마셨다. 그는 생애를 마감할 즈음에도 찻잔을 곁에 두고 지냈다고 할 정도로 차를 사랑하였다.

다산이 차를 사랑하게 된 것은, 차가 마시는 용도만이 아니라 다른 사람에게 유용한 건강을 준다는 데서 자신의 삶의 목적과 닮았기 때문이었을 것이다. 자신의 존재가 백성에게 차와 같이 건강에도 좋은 유익한 존재가 되기를 바라는 마음에서였을 것이다. 다산은 차를 마시며 분노의 세월을 넉넉하게 여유로 잠재우고 심신을 달랬을 것이다. 차를 마시면서 세상의 이치를 깨닫고 기회를 기다리는 지혜를 얻었을 것이다. 우리도 차를 마시면서 그 속에서 다산이 느꼈을 세상과 인생에 대한 마음을 배워 보자.

6장

다산에게
성공을 묻다

성공하는 것은 어린 과일나무를 집안에 심는 것과 유사한 부분이 많다. 어린 과일나무에서 과일이 열리려면 오랜 기간 나무를 정성스럽게 보살피지 않으면 안 된다. 거름도 주어야 하고 농약도 쳐 주어야 하고, 가지도 적당히 잘라 주어야 한다. 우리가 꿈꾸는 성공을 이루려면 노력해야 한다. 오랜 기간 공을 들여 관리하고 보아주어야 성공의 목표를 실현할 수 있는 것이다.

성공이 마치 뻥튀기 기계로 만들 수 있다는 착각을 하거나, 로또 복권을 사서 운이 좋아 하루 만에 대박을 터트리는 것이라고 생각한다면, 결코 성공하지 못할 것이다. 성공하기 위해서는 구체적인 비전을 설정하고 그에 따른 목표를 세워서 하루하루 조금씩 목표를 달성해 나가야 한다. 꿈을 이루기 전까지 정성을 다하여 자신을 개발하고 역량을 기르는 일을 게을리한다면 가벼운 성공은 있을 수 있어도 거대한 성공을 기원하기는 어렵다.

뛰어난 지능이나 능력을 가진 천재도 노력하는 사람을 이길 수 없는 것처럼 노력하는 사람 앞에는 당해 내지 못한다. 다산은 그의 꿈인 책을 통해 세상을 이롭게 하겠다는 목표를 이루기 위해서 수많은 날들을 고통과 싸우면서 집필하였다. 다산은 우리에게 성공하기 위해서는 노력해야 한다는 교훈을 알려주고 있다.

겸손하라

세상의 이치란 참으로 묘한 것이다. 잘나고 똑똑한 사람들이면 다들 잘살아야 하는데 실제로는 더 어렵게 살거나 세상에 버림받고 살기도 한다. 마흔이 넘는 시기에 다산은 《주역》에 대한 공부에 심취하였고, 5년간의 노력으로 《주역사전》이라는 방대한 주역 연구서를 완성하였다.

다산은 이 책에서 "가득 차면 반드시 망하고 겸하면 반드시 존경을 받는다."라고 기록하고 있다. 다산은 스스로 높다고 생각하면 사람들이 끌어내리려고 하기 때문에 스스로 낮다고 생각하면 사람들이 끌어올려주려 한다고 했다. 따라서 훌륭한 지도자가 되기 위해서는 똑똑하다고 자만하기보다는 겸손해야 한다는 것을 강조하였다.

다산 자신도 똑똑했고 정조의 총애가 너무 높았기 때문에 주변에서 끌어내리려고 했고, 굳이 걷지 않아도 될 유배 생활을 하게 된다. 그러나 유배 중에서는 자신의 출중한 능력과 지혜를 사용할 수 없다는 한계를 스스로 느끼고 오직 학문과 집필로 생활을 보냈다. 유배 생활을 하는 동안 계속 자신의 똑똑함과 능력이 있음을 주장했다면 다산은 사약이 내려져 죽음을 면하기 어려웠을 것이다. 그러나 자신을 낮추고 겸허하게 인생을 받아들이다 보니 조정의 반대파들은 다산의 존재에 대해서 크게 신경 쓰지 않게 되었고, 이것이 다산을 살리는 계기가 되었다.

조선 시대 세종 때 우의정을 거쳐 좌의정까지 지낸 맹사성은 천하 제일의 수재로 유명하였다. 그는 고려 말부터 여러 관직을 거쳐 세종 때까지 벼슬을 오랫동안 하였는데, 그가 관리로서 장수한 것은 바로 겸손 때문이었다. 어릴 때부터 똑똑하기로 소문난 맹사성이 관직을 오랫동안 하면서도 태도가 겸손하여 적이 생기지 않았기 때문이다. 또한, 맹사성의 효행은 아버지와 함께 〈삼강행실도〉에 소개될 정도로 충효 사상이 철저한 실천가였다.

하지만 맹사성은 어렸을 때부터 겸손한 것은 아니었다. 주변에서 칭송이 자자하고 우수하다는 평판을 듣고 있던 터라 자만에 빠져 있었다.

맹사성이 19세에 장원급제하여 20세에 경기도 파주군수로 부임하였는데, 그 지역 깊은 산중에 있는 절에 유명한 고승이 있다는 말을 듣고 힘들게 그 스님을 찾아가 이렇게 물었다.

"이 고을 군수로서 지표로 삼아야 할 좌우명이 무엇이면 되겠습니까?"

그러자 스님이 이렇게 대답했다.

"간단합니다. 나쁜 일 하지 말고 착한 일을 많이 하면 됩니다."

그러자 맹사성이 약간 빈정거리는 투로 실망감을 표출하며 이렇게 말했다.

"그건 삼척동자도 다 아는 사실 아닙니까? 힘들게 이 먼 길을 달려온 사람에게 겨우 그 정도 말뿐입니까?"

스님은 말없이 조용히 미소를 머금으며 찻잔에 차를 따라 주었다. 그런데 찻잔이 넘치도록 계속해서 따르는 것이었다. 그 모습을 본 맹사성이 언성을 높이며 말했다.

"아니, 찻잔이 넘쳐 바닥이 다 젖었습니다. 지금 무엇을 하시는 겁니까?"

맹사성이 소리쳤지만 스님은 계속 차를 따르는 것이었다.

잠시 후 스님이 젊은 군수에게 이렇게 말했다.

"찻잔이 넘쳐 바닥을 적시는 것은 아시면서, 지식이 넘쳐 자신의 인품을 망치는 것은 어찌 모르십니까?"

스님의 말에 맹사성은 얼굴이 붉어져 부끄러움을 감추려 황급히 일어나 방을 나가는 순간, 방문 출입구 상단에 머리를 '쿵' 하고 부딪쳤다. 그때 스님이 한마디 더 했다.

"고개를 숙이면 매사 부딪치는 법이 없지요."

맹사성은 이를 계기로 성품이 검소하고 청렴하며 살림살이를 늘리지 않고, 식량은 늘 서민과 같은 음식을 먹었다고 한다. 그리고 고향에 계신 부모를 찾아갈 때는 민폐를 끼치지 않기 위해 관가에 들리지도 않고 늘 간소하게 행차하거나 소를 타고 가기도 했다.

"벼는 익을수록 고개를 숙인다."라는 속담이 있지만, 요즘은 온통 자기 자랑과 자만에 빠진 소위 가진 자들의 세상이 되어버렸다. 심지어는 상대방에게 목소리 큰 사람이 이긴다고 먼저 호통을 쳐야 자신의 위상이 높아질 것이라는 매우 잘못된 사고를 가진 사람들이 주변에 널려 있다.

진정한 리더는 주변 사람들이 만들어 주는 것이지 자기 자신이 만드는 것이 아니다. 리더라는 자리는 결코 스스로 만들 수 없는 것이다. 겸손은 성공하는 데 있어 없어서는 안 될 필수 요건이다. 다산은 자신의 경험뿐만 아니라 《주역》을 통해서도 무릇 지도자가 되기 위해서는 겸손해야만 생명력도 길게 갈 수 있을 뿐만 아니라 주변의 도움이 많다는 사실을 알려주고 있다.

큰 꿈을 가져라

　　인류의 역사는 성공한 사람들의 꿈과 비전을 바탕으로 발전해 왔으며, 그 속에서 삶의 지혜와 문명의 비전이 탄생하였다. 지금 우리가 누리고 있는 수많은 혜택도 누군가의 비전이 실현된 것이다. 또 우리가 지금 꿈꾸는 이상은 먼 훗날 후손들을 비추는 거울이 될 것이다. 그러므로 리더가 성공하려면 큰 꿈과 비전을 가슴에 품어야 한다. 그래야 더 큰 지혜로 세상을 밝게 비출 수 있기 때문이다.

　　다산은 성공하기 위해서는 꿈을 크게 가져야 한다고 하였다.

　　"우리들의 가슴 속에는 늘 가을 매가 하늘로 치솟아 오르는 기상이 있어야 하며, 하늘과 땅을 조그맣게 보고 우주를 손바닥 안에 둔 것처럼 가볍게 여겨야 옳다."

　　유교주의자였던 다산은 최종 목표로 언제나 요순지치堯舜之治

를 실현하여 유교의 이상을 실현하는 것을 지향하며 살았다. 다산은 자신이 가진 지식을 통해서 세상을 이롭게 하고 자신이 가진 이상 국가를 실현해야 한다는 포부를 가지고 있었다. 때문에 나라를 혁신하기 위해 다산이 가장 심혈을 기울인 분야는 나라의 주인인 국민의 마음을 변화시키는 것이었고, 그를 위해서 수많은 저술을 하였던 것이다.

이상 국가를 건설하는 것은 관직에 있어도 힘들지만 그는 그의 작품들을 통해서 그러한 세상을 이루려는 원대한 목표를 가지고 있었다. 결국, 다산의 꿈은 이루어져 후세에 많은 사람들이 다산의 작품을 통해서 그가 꿈꾸었던 세상을 느끼고 그를 존경하고 있다. 다산은 우리에게 무릇 리더라면 원대한 목표와 포부가 가슴에 넘실대야 한다는 것을 솔선수범으로 보여주었다. 그리고 자신을 따르는 사람들로 하여금 자신의 비전을 그들도 가슴에 품을 수 있도록 그들의 마음을 흔들 수 있어야 한다고 말하고 있다.

다산과 같은 리더가 되기 위해서는 뚜렷한 비전을 제시하고 구체적인 목표와 전략으로 구성원들의 공감대를 이끌어 낼 수 있어야 한다. 조직은 리더가 가리키는 곳을 향한다. 명확한 비전일수록, 또 목표가 구체적일수록 구성원들은 에너지를 한 방향으로 집중시키기 때문에 효율성은 높아지고 성과는 몇 배 더 창출할 수 있다. 그리고 이는 구성원들의 가슴에 강력한 동기를 심어 주고 열정을 불러일으켜서 삶의 질을 높일 뿐 아니라 동일한 시간을 밀도 있게 관리하게 해준다.

꿈의 크기를 정하는 것은 우리의 마음이다. 꿈을 크게 잡을 수도 있고 작게 잡을 수도 있다. 일부의 사람들은 자신이 처음 시작하는 시점에서는 꿈을 작게 잡는 경우가 많다. 그러나 옛말에 "호랑이를 그리려다 못 그리면 고양이라도 그리지만, 처음부터 고양이를 그리려고 하면 아무것도 못 그린다."라는 속담이 있다. 이는 꿈을 크게 그리면 꿈을 다 실행하지 못하여도 상당히 성공에 가까이 갈 수 있으나, 꿈이 작으면 결국 작은 성공밖에 할 수 없다는 것을 의미한다.

역사 속에는 커다란 꿈을 가지고 자신의 성공은 물론 세계를 변화시킨 인물들이 많다. 그중에서도 칭기즈칸만큼 커다란 꿈을 그리고 이를 실현시킨 사람은 많지 않다.

칭기즈칸은 〈워싱턴포스트지〉에서 '세계를 움직인 가장 역사적인 인물' 중 첫 번째 자리로 뽑히면서 역사 속에 새롭게 등장하였다. 그는 혹독한 역경을 딛고 일어서서 개방적이면서도 카리스마가 넘치는 리더십을 가지고 세계를 지배하였다. 그가 세운 세계 정벌 기록은 앞으로 그 누구도 이루기 어려울 것이다. 그래서 그런지 요즘 TV 사극의 방영과 함께 칭기즈칸에 관한 20여 권의 책들이 발간되는 등 칭기즈칸의 리더십에 대하여 관심을 가지는 사람들이 늘어가고 있다.

칭기즈칸의 성공은 그냥 이루어진 것이 아니다. 수많은 역경과 고난 속에서도 그는 준비된 리더였다. 그는 개방적 사고로 능력만 있으면 노예나 외국인을 가리지 않고 중용하였다. 성과가 있는 장병에게는 똑같이 상을 나누어 주었다. 황제였지만 왕궁을 짓지 않고 천막에서 살았으며, 비단옷을 입지 않고 백성들과 같은 생활을 하였다. 국민들에게 아버지와 형으로서 나라를 통치하였다. 가족이나 삼촌들도 법을 이기면 엄격하게 법을 적용하였으며, 항복하는 나라는 우방이 되었으나 저항하는 나라에게는 잔혹한 정벌자가 되었다.

그러나 이러한 리더십보다 더욱 강력했던 리더십은 커다란 꿈을 소유하였다는 것이다. 칭기즈칸은 일찍이 과거에도 없었고 누구도 가능하리라고 생각하지 않았던 것을 가능하게 만든 대단한 꿈을 소유하였다. 자신의 목표를 공동의 목표로 만들어 목표가 달성되면 곧 다음의 새로운 공동 목표를 만들어 쉬지 않고 달리도록 그의 부족을 이끌어 갔다. 그리고 그 꿈은 나라를 만드는 것, 주변 국가로부터의 위협을 없애는 것, 아예 중원을 경영하는 것, 나아가 천하를 통일하는 것, 그리고 그 천하는 중국 땅을 넘어 사람이 살고 있는 모든 땅으로 계속 커져만 갔고, 그 꿈들을 하나씩 하나씩 실현해 나갔다.

칭기즈칸은 자신의 꿈을 실현하기 위하여 병사들과 백성들에게 멀티 플레이어가 되어야 적은 인원으로 멀리 있는 큰 나라들을 정벌할 수 있다는 것을 가르쳤다. 그래서 빠른 속도를 낼 수 있는 기마병 위주로 군을 편성하고, 멀티 플레이어 장병들을 육성하여 세계 정벌의 꿈을 이룬 것이다. 국민들은 불가능하다고 생각한 세계 정벌을 칭기즈칸의 리더십으로 인하여 가능하다는 것으로 인식이 바뀐 것이다. 칭기즈칸의 성공 비결은 자신이 세운 커다란 비전을 공유함으로써 국민들에게 희망을 주었기 때문이다. 그의 리더십은 오늘날 우리에게 절실히 필요한 리더십이라 할 수 있다.

만약 칭기즈칸이 유목민의 아들로서 목동으로 크겠다는 비전을 가졌다면 그는 목동으로 성공하였을 것이다. 그러나 그는 세계를 정복하겠다는 커다란 꿈을 가졌기 때문에 세계 역사상 가장 위대한 정복자가 되었다.

꿈을 가지고 있는 사람은 그 꿈을 이루기 위한 출발을 해야하는데, 그 꿈을 성취하기 위한 출발점은 항상 현재이다. 인생의 최종 목적을 확정한 사람은 현실로 돌아와서 현재의 상황을 분석하고 새로운 출발을 해야 한다.

꿈을 갖기 위하여 투여해야 하는 노력은 큰 꿈이나 작은 꿈이나 같다. 따라서 이왕 같은 노력을 들일 바에는 꿈을 크게 그려 보자. 꿈이 크면 클수록 현실에 더욱 충실해야 한다. 현실적으로는 게으르고 나태하면서 '무언가 큰일을 이룰 수 있

겠지?' 라고 생각하는 사람은 꿈을 가진 사람이 아니라 망상에
사로잡혀 있는 사람이 되기 쉽다.

자서전을 써 봐라

다산은 생전에 스스로 지은 묘지명이라는 뜻인 《자찬 묘지명》을 두 권이나 남겼다. 원래 자신의 이름이나 벼슬, 출생일 등을 표시한 묘표에 운문을 첨가해 무덤 앞에 세우는 게 묘비명이고, 묘지에 운문을 첨가해 무덤 안에 넣는 게 묘지명이다. 다산은 광중본과 집중본 두 권을 저술했는데, 광중본은 묘 안에 넣기 위해서 지은 글로 비교적 짧고 간략하게 자신의 일생을 적은 것이고, 집중본은 뒤에 간행될 문집에 넣을 글로 꽤 길고 자세한 내용의 자서전 격인 일대기였다. 묘지명을 쓰는 것은 중국 후한 때 생겨난 풍속이라 하는데, 우리나라엔 고려 때부터 풍속으로 자리를 잡았다. 살아 있는 사람들이 묘지명을 쓰는 이유는 선비들이 '자아 성찰'을 하기 위한 기회로 삼았기 때문이다.

다산도 18년간의 유배 생활에서 돌아와 4년이 지난 61세의 나이에 자신의 파란만장한 일생을 직접 기록하고 싶은 생각에 묘지명을 적게 되었다. 다산은 《자찬 묘지명》에 자신의 성장 배경, 중요한 일들, 저술에 대한 상세하게 기록을 했다. 특히 집중본에서 자신의 방대한 학문 체계를 일목요연하게 정리하였다. 다산의 학문의 흐름과 체계를 이해하는 데는 묘지명을 보는 것이 가장 빠른 이해의 길이 될 것이다. 따라서 다산에게 있어 《자찬 묘지명》은 다산 자신의 자서전이라고도 할 수 있다. 다산은 인생의 어느 순간 죽음을 의식하고 이제까지의 삶을 되돌아 보면서 객관적인 사실에 근거하여 자신의 내면을 진솔하게 적었다.

다산이 자신의 묘지명을 매우 객관적인 사실에 근거해서 쓴 이유는 단순히 자신의 삶을 정리하고 반성하려는 차원은 아니었다. 그 동안 세상이 생각했던 자신에 대한 왜곡과 잘못된 이해가 역사 속에서 전해지는 것을 막기 위함이었다. 그래서 《자찬 묘지명》에서는 자신이 지금까지 살아온 삶에 대해서 세상이 잘못 생각하고 있는 부분들을 충분히 소명하려는 노력들이 보인다. 이는 정조에게 총애를 받다 하루아침에 유배 생활을 시작하면서 천당과 지옥을 오가는 심정으로 살았기 때문에 세상에 대한 편견과 잘못된 사실들을 바로 잡으려는 욕구가 컸으리라고 생각한다. 아쉬운 것은 61세에 《자찬 묘지명》을 적었기 때문에 75세까지의 행적을 담지 못했다는 것이다. 그러나 다산과 같은 대학자의 일생을 생생하게 읽을 수 있다는 점에서 민족적으로 행운이며, 다산을 공부하는 사람들에게 매우 많은 도움이 되고 있다.

이순신 역시 난리 중에 모든 일을 그의 일기에 기록했다. 짧게 글을 썼지만 거의 하루를 빼놓지 않고 기록으로 남겨 두었다. 이순신에게는 위장병 등 지병이 있었으며, 매일매일 나라 걱정과 백성에 대한 근심으로 제대로 잠을 이루지 못하고 있는 모습이 《난중일기》에도 그대로 나타나 있다. 전라좌수사라는 직위는 때로는 어느 누구에게도 말하지 못할 고민과 어려움이 있었을 것이고 아픔이 있었을 것이다. 이러한 고민과 어려움을 그는 매일 밤 붓을 들어 써 내려가기 시작했다. 하루는 왜적과의 전투를 쓰기도 하고, 하루는 전쟁의 준비를 쓰기도 하고, 하루는 가족의 안부를 적기도 했다. 결국, 이순신의 일기는 이순신 자신에게 힘을 주고 그의 마음을 위로하고 있었다. 일기라도 쓰지 않으면 마음에 있던 고통과 역경을 이겨 내지 못했을지도 모른다.

매일 전투하면서, 매일 백성을 보살피면서 이순신은 일기를 써 내려갔다. 이미 그의 안중에는 당파도 없었고 나약한 왕도 없었다. 일기를 쓰면서 매일 밤 구국의 다짐을 했을 것이며, 일기를 쓰면서 조선의 미래를 만들고 있었다. 《난중일기》는 단순한 사건의 기록이 아니다. 《난중일기》는 무려 2,539일간의 기록으로. 이순신을 이순신답게 만드는 이순신만의 방책이었다. 이러한 일기를 통해 이순신은 내일을 준비하고 나라의 앞날을 걱정하고 있었다. 밤마다 일기를 통하여 힘을 얻었던 이순신은 조선을 지켜나가고 있었다.

이순신은 매일 호롱불 아래서 지필을 꺼내 자신과의 대화를 하고 있었다. 누구에게도 말하지 못하는 이야기를 자신에게 하고 있는 것이다. 신하로서, 자식으로서, 장수로서 다양한 역할에 대해 자기 자신과의 독백이었다. 이러한 독백의 일기는 흔들리는 이순신을 더욱 강한 사람으로 만들었다. 다산도 《자찬 묘지명》을 쓰면서 자신의 억울함을 표현해 보고 싶기도 하고, 치적을 남기고 싶었을 것이다. 그것이 학자로서의 마음과 영혼을 더욱 단단하게 만드는 계기가 되어 죽을 때까지 학문에 정진하게 하였다.

이순신 장군이 《난중일기》를 쓰면서 조선을 구하겠다는 신념을 세웠다면, 다산은 《자찬 묘지명》을 적으면서 훌륭한 학자가 되어야겠다는 신념을 굳게 했다. 따라서 우리도 자서전을 미리 써 보면 자신의 신념을 세우고 인생을 구체적으로 어떻게 살아야 하는지를 생각해 볼 수 있는 시간을 갖게 된다. 지금의 삶에서 바꾸어야 할 부분과 충족해야 할 부분을 수정해 가다 보면 자신이 쓴 자서전이 자신의 삶이 될 수 있을 것이다.

옳은 것을 행하라

　인생을 국어사전에서 찾아보면 사람이 세상을 살아가는 일이라고 정의하였다. 인생을 정의할 수는 있지만 어떻게 인생을 살아가야 하는지를 정확히 아는 사람은 없을 것이다.

　중국 고대의 사상가로 유교의 시조인 공자는 인생 최고의 덕을 인仁이라고 보았다. 공자는 기원전 551년 오늘날 중국의 산둥성 취푸曲阜에서 하급 귀족 무사인 아버지 숙량흘叔梁紇과 어머니 안顏씨 사이에서 태어났다. 공자는 3세 때 아버지를 여의고 17세 때 어머니를 여의었으며, 19세 때 송나라 출신 여인과 혼인했다. 20세 때부터 계季씨 가문 창고지기로 일했고 가축 사육일도 맡았지만 주나라 관제와 예법을 꾸준히 공부하면서 예禮 전문가로 유명해지기 시작했다. 공자는 노나라의 악樂을 정비하고, 제자를 가르치고, 문헌을 정리하며서 《춘추春秋》를 완성했다. 그리고 기원전 479년 73세 때 공자는 세상을 떠났다. 공자는 자신의 인생을 다음과 같이 말했다.

15세 - 지학志學 : 학문에 뜻을 두었다.

30세 - 이립而立 : 마음이 확고하게 도덕 위에 서서 움직이지 않았다.

40세 - 불혹不惑 : 어떠한 유혹에도 흔들리지 않았다.

50세 - 지천명知天命 : 하늘의 뜻을 알았다.

60세 - 이순耳順 : 어떠한 감언이설이나 흉언에도 흔들리거나

노하지 않았다.

70세 - 종심從心 : 하고 싶은 일을 다 해도 법도에 어긋나지 않았다.

다산은 18년간 길고 긴 유배 기간을 통해 많은 저서도 남겼지만, 인생을 골똘하게 생각할 시간적 여유를 가졌기에 인생을 어떻게 살아가야 가치 있는 삶이고 의미 있는 삶이 되는지에 대하여 오랫동안 고민하였다.

다산은 큰 아들에게 보내는 편지에 "세상을 살아가려면 두 가지의 큰 기준이 있는데 하나는 옳고 그름의 기준이고, 둘째는 이롭고 해로움의 기준이다. 이 두 가지 기준에는 네 가지의 등급이 있다."라고 하였다. 네 가지의 기준을 보면 다음과 같다.

가장 높은 단계 : 옳음을 고수하고도 이익을 얻는 삶

두 번째 단계 : 옳음을 고수하고도 손해를 입는 삶

세 번째 단계 : 그름을 추종하고도 이익을 얻는 삶

가장 낮은 단계 : 그름을 추종하고도 손해를 입는 삶

다산은 사람의 삶에서 가장 중요한 삶은 '옳음을 고수하고도 이익을 얻는 삶'을 살도록 아들에게 가르쳤다. 다산은 그름을 추구하고 손해를 입는 삶은 하늘의 뜻이니 당연하지만 인생의 상당 부분은 세상의 옳음을 고수하고도 손해를 당하는 경우가 너무 많고, 그름을 추종하고도 이익을 얻는 경우가 많다는 것을 이미 많이 보아 왔다.

실제로 다산 자신이나 자신의 지인들이 옳음을 고수하고도 세상의 박해를 받고 죽음을 당하는 일을 자주 보았다. 또한, 당시 조정에는 일은 하지 않고 왕에게 좋게만 보이려고 하는 간신들이 많았고, 백성의 피를 빠는 탐관오리들이 호의호식하고 사는 것을 보아 왔다. 이러한 세상의 불합리함을 인식하고 있었지만 다산은 아무리 손해를 보더라도 옳고 바르게 사는 삶을 포기해서는 안 된다고 우리들에게 가르치고 있다.

다산은 조정의 대신들에게 조금만 아부하고 애걸하면 귀양살이에서 풀려날 수 있었음에도 불구하고 옳음을 고수하고도 손해를 입는 삶을 고수하였다. 그래서 그의 삶은 우리들에게 귀감이 되고 있는 것이다.

오늘날 많은 정치인들이 올바르지 못한 삶으로 말미암아 한 꺼번에 지금까지 쌓아온 명성이나 권력을 잃고 감옥에 가는 경우가 많다. 그리고 장관이 되려는 많은 사람들이 자신의 삶 속에서 올바르지 못한 삶 때문에 청문회에서 거짓말만 되풀이하고 신뢰감을 저버리거나 낙마하는 경우가 많다. 오늘날은 인터넷에 의하여 개인 정보가 저장되고 노출되므로 과거에 무심코 했던 바르지 못했던 일들이 나중에 자신의 출세에 발목을 잡는 경우가 비일비재하다. 따라서 큰 사람으로 성공하기 위해서는 어렸을 때부터 올바르게 살고 인생의 정도를 걷도록 해야 한다.

포기하지 마라

성공할 수 있는 기회는 연령과 성별을 구별하지 않고 누구에게나 똑같이 찾아온다. 나이 든 사람들은 가끔 "이 나이에 무슨 기회가 찾아오겠나."라고 한탄하면서 절망에 빠지기 쉽다. 그러나 역사 속에는 많은 나이에도 성공한 사람이 많다. 김대중 대통령도 수많은 고난과 역경을 딛고 72세의 늦은 나이에 기회가 찾아와 대통령이 되었다.

다산은 40세의 나이에 귀양을 가서 본격적으로 학문을 공부하기 시작하였다. 주변의 멸시와 아무도 알아주지 않는 고독감 속에서 다산에게 유일하게 정진할 수 있는 것이 공부였을 것이다. 수많은 책을 읽으면서 자신의 경험들을 정리하면서 그는 책을 써 나갔다. 그래서 50이 넘어서야 《아방강역고》, 《예전상기별》, 《맹자요의》, 《경세유표》, 《흠흠신서》 등을 남겼으며, 70이 넘어서도 《상서고훈》, 《지원록》, 《매씨서평》 등을 남겼다. 다산이 나이가 들어 저술한 저서를 보면 학문적으로 깊이도 있으며, 풍부한 감성을 노래한 아름다운 시들도 많이 있다. 다산은 나이와 상관없이 창작 의욕이 불타올랐다. 나이가 들수록 더욱 완숙한 창작 활동을 한 다산에게서 우리는 일은 나이와 상관없는 것이라는 것을 배워야 한다.

나이에 상관없이 성공한 대표적인 사람으로 커넬 샌더스가 있다. 세계 어느 나라에서나 치킨 패스트푸드 체인점인 KFC에서는 미소를 띠고 서 있는 한 노년 신사를 만날 수 있다. 그가 다름 아닌 KFC의 창업자 커넬 샌더스이다. 그는 어린 시절부터 어려운 역경을 겪었지만 좌절하지 않고 기회를 기다리다 66세의 나이에 성공하기 시작하였다.

커넬 샌더스는 6세에 아버지를 잃고 어머니마저 재혼하여 매우 가난한 생활을 하였다. 초등학교를 중퇴하고 10세 때부터 생활 터전에 나섰으며, 동생들을 돌봐야만 했기에 요리를 자주하였다. 갖은 고생 끝에 주유소를 마련한 그는 주유소 뒤에 있는 창고를 개조하여 닭튀김 요리를 파는 간이식당을 열었다. 40세 때 식당이 번창하자 닭튀김으로 세상을 지배하자는 비전을 가졌다. 그는 아예 주유소를 그만두고 음식점에만 몰두하였다.

그러나 경영 악화로 식당을 경매로 잃고 66세에는 알거지가 되었다. 하지만 그는 좌절하지 않고 그의 비전을 실현하기 위하여 KFC 프랜차이즈를 생각해 냈다. 그는 흰색 캐딜락에 압력밥솥과 튀김 양념을 가지고 다니면서 체인점에 가입시키기 위하여 인근 지역 식당 주인들을 찾아다녔다. 그는 단순히 요리법만 전수하는 것에 그치지 않고, 며칠간 그곳에서 머물면서 흰색 정장을 입고 손님들에게 자신이 튀긴 닭을 직접 팔기 시작했다. 그런 샌더스의 열정에 감동한 음식점 주인들이 하나둘 그와 계약을 맺기 시작했고, 결국 70세에 200개가 넘는 체인점을 확보하는 데 성공했다.

그는 "죽는 날까지 열심히 일한다."라는 비전을 새로 세우고 죽을 때까지 일을 하였다. 그는 자신의 경영 능력에 한계를 느끼자 회사를 다른 사람에게 매도하고 자신은 다시 그 회사에서 월급을 받으며 자문과 홍보 역할을 맡았다. 결국, KFC를 세계적인 패스트푸드 체인점으로 번성시켰으며 90세까지 열심히 그의 비전을 실현하였다.

일본 오카노 공업의 사장인 오카노 마사유키 씨는 초등학교 졸업이 학력의 전부이지만 금형과 프레스로 큰 성공을 이룬 입지전적 인물로서, 그는 세상을 다음과 같은 시각으로 바라보았다.

"내 나이가 올해로 70이다. 이렇게 적잖은 세월을 살면서 나는 제2차 세계대전, 올림픽, 호황, 10년 불황 등 온갖 일을 겪어 봤다. 내 인생도 세월의 흐름에 따라 부침을 거듭했다.

그러면서 우리 생활은 말할 것도 없고, 사회나 나라에도 좋을 때가 있으면 나쁠 때가 있음을 알게 되었다. 그렇지만 진득하게, 정성을 다해 사는 사람에게는 돌고 돌아서 반드시 기회가 온다. 한없이 불행이 계속될 것 같지만 겨울이 가면 봄이 오듯이 좋은 시절이 찾아오는 것을 내 눈으로 지켜보았다."

결국 성공은 나이를 불문하고 누구에게나 찾아온다. 단지 차이는 성공을 위해 도전하는 것을 포기하느냐 포기하지 않느냐 하는 것이지, 나이가 많고 적음은 문제가 되지 않는다는 것이다. 포기하게 되면 성공은 비켜 가거나 더 많은 위험과 위기로 중무장을 하고 달려올 것이다. 하지만 포기하지 않고 도전한다면 언제든지 행운과 성공이라는 이름으로 찾아올 것이다.

성취 욕구를 높여라

다산이 제자 황상에게 보낸 편지 중에 견서여시見書與詩라는 것이 있다. 그 편지에는 "황상을 열흘 만에 제자로 받아들였으며, 여러 제자 중에 학문적, 인품 등 모든 면에서 가장 아끼는 제자다."라고 쓰여 있다. 또 황상에게 "학문에 정진하면 크게 성취할 수 있으니 부지런히 연마하라."라고 당부하고 있다. 이 글을 보면 다산은 학문에 정진하는 이유를 성취라고 하였다.

성취욕成就慾은 목적한 바를 이루려는 욕구를 말한다. 성취욕이 강한 사람은 생산적이고 성공하고자 하며 실패하지 않으려는 욕구에 따라 행동하게 된다. 능력이 비슷하다면 해내겠다는 의지가 있느냐 없느냐에 따라 결과가 달라진다. 이런 의지를 불러일으키는 것을 심리학에선 '성취 욕구' 또는 '동기'라고 한다.

행동 심리학의 권위자인 미국의 데이비드 매클렐런드는 성취 욕구의 강약이 업무나 학습에 큰 영향을 준다고 봤다. 성취 욕구란 어려운 일을 성취하려는 것, 물질·인간·사상을 지배하고 조종하고 관리하려는 것, 그러한 일을 신속히 그리고 독자적으로 해내려는 것, 스스로 능력을 성공적으로 발휘함으로써 자긍심을 높이려는 것 등에 관한 욕구라고 심리학자들은 규정하고 있다. 이러한 성취 욕구가 강한 사람은 성공에 대한 강한 욕구를 가지고 있다. 따라서 무엇인가 성취하려는 욕구가 강하면 목표 달성에 성공할 가능성도 크다는 것이다. 또 그들은 책임을 적극적으로 수용하며, 행동에 대한 즉각적인 피드백을 선호한다.

　인간의 욕망에 대해 학계 최초로 학문적인 연구를 시도한 심리학자 애브라함 매슬로우는 인간은 끊임없이 어떤 목표에 도달하려고 하는 동기를 부여받는다고 하였다. 그에 따르면 인간은 아주 잠깐 동안의 시간밖에는 완전히 만족한 상태에 있지 못한다고 한다. 어떤 욕구가 충족되면 다른 욕구가 생기게 되고, 또 그 욕구가 충족되면 또 그 다음의 욕구가 생긴다. 욕구에는 단계가 있어서 맨 아래 단계의 욕구가 가장 강하고 그 욕구가 어느 정도까지 충족되지 않으면 다음 단계의 욕구는 행동을 일으키는 원인이 되기 어렵다. 인간의 욕구는 중요한 순서대로 배열되는데, 욕구 단계는 가장 기본적인 것으로부터 복잡한 것으로 되어 있다. 다음 단계의 욕구를 충족시키기 전에 그 전 단계의 욕구를 충족해야 한다. 매슬로우는 이러한 욕구를 다섯 단계로 분류하였는데 첫 번째 단계가 먹고, 자고, 입는 생리 욕구이다. 두 번째 단계는 신체적인 위협이나 불확실성에서 벗어나고자 하는 안전 욕구, 세 번째 단계는 사람들이 다른 사람들과 관계를 맺고 소속감과 애정을 나누고 싶어 하는 소속 욕구, 네 번째 단계는 존경의 욕구, 다섯 번째 단계는 자신의 잠재적인 능력을 최대한 발휘하고 창조적으로 자기의 가능성을 실현하고자 하는 자아실현 욕구를 가지고 있다는 것이다.

매슬로우의 욕구 이론은 성공하고자 하는 사람들에게 동기를 부여하는 데 중요한 시사점을 준다. 성공한 사람들은 공통적으로 자심감이 높고 성취 동기가 강하다. 그것은 바로 자신이 어떤 욕구를 가지고 있는지를 확인하고 이를 기초로 그들이 충분히 능력을 발휘할 수 있는 환경을 만들어 낸 결과라고 할 수 있다. 한 곳에 오래 머물지 않고 다음의 목표를 향하여 전진하고 점차 목표가 높아졌기 때문이다.

다산은 자신의 뜻으로 세상을 변화시키려는 욕구를 가지고 있었으나 현실은 그것을 허용하지 않았다. 그래서 다산이 할 수 있었던 것은 바로 학문에 정진하는 것이었다. 학문을 통해서 자신이 가진 현실의 절망을 성취감으로 승화하였던 것이다. 다산은 그러한 성취감으로 인하여 530여 권의 저서를 남길 수 있었다. 다산은 언제 죽음을 당할지 모르는 귀양살이에서도, 복숭아뼈가 세 번이나 보여 서서 글을 쓸 정도의 고통 속에서도 흔들리지 않을 수 있었던 것은 바로 다산의 성취감 때문이었다.

힘든 상황에서도 한 권씩 만들어 내는 책을 통해서 그동안 육체와 정신적 고통을 딛고 일어설 수 있었다. 이것이 쌓이다 보니 다산은 죽을 때까지 책을 쓰는 삶을 살 수 있었던 것이다. 다산에게 있어 책을 쓰는 것이 성취감을 주지 않았다면 다산은 희망이 없는 삶 속에서 책을 계속 쓰기는 어려웠을 것이다.

다산에게 있어 성취감은 이처럼 인생의 목표를 이루게 하는 힘이었다. 어떤 일을 하든지 성취감을 느낄 수 있도록 해야 한다. 자신이 하는 일에 대해 성취감이 생길 때 더 하고 싶은 욕구가 생기고, 그로 인해 성공해야겠다는 목표 의식이 생기기 때문이다.

배운 것은 꼭 써먹어라

현대 사회를 평생 학습의 시대라고 한다. 세상의 변화가 너무 빠르게 전개되고 여가 생활의 증가로 인하여 배움이 생활화된 시대라는 것이다. 예전에는 배울 기회나 장소가 부족했지만, 요즘에는 배움의 장소가 널려 있고 프로그램도 풍성하다. 그러나 배움의 기회가 늘어가는 만큼 사람들은 왜 공부를 해야 하는가에 대한 뚜렷한 목표도 없이 이런 사람, 저런 사람의 이야기를 듣거나 이런 책, 저런 책을 읽기만 한다.

자신이 습득한 지식을 하나하나씩 내 것으로 만들려고 하지는 않고, 그저 수료했다는 안도감을 차곡차곡 쌓아놓고만 있다. 배움이라는 것은 양날의 칼이다. 실전에 적용하지 않고 배움만을 지속하게 되는 경우 사람은 오히려 한 가지라도 제대로 잘할 수 없다는 생각으로 자신감을 상실하게 되고, 배우지 않으면 불안해서 무엇이라도 들어야 하는 중독증을 갖게 한다. 이러한 배움이 증가할 때 교육의 내성이 증가한다고 한다. 그래서 그런지 세상은 아무리 배워도 실천하지 못하고 써먹지 못하는 교육을 위한 교육이 증가하고 있는 것이다.

현대인들이 지식을 습득하는 것에 집중한 반면에 다산은 자신이 알고 있는 지식을 책으로 만드는 일을 너무도 훌륭히 해냈다. 옛말에 "구슬이 서 말이라도 꿰어야 보배"라는 말이 있듯이 다산은 자신의 지식을 꿰는 재주를 가지고 있었다. 실제로 다산은 무엇이든 흥미가 생기면 지식을 모아서 제목을 정하고, 목차를 만들고 관련 자료나 정보들을 채워 넣고 자신의 지식으로 만들어서 책을 만들었다. 다산의 집필 활동은 한 분야에만 집중되던 것이 아니라 호기심이 가거나 백성을 위해서 필요한 것이라면 시와 때를 가리지 않고 시작하였다. 이러한 집필 활동은 동시에 여러 가지의 책들을 진행하기도 하고, 한 권을 집필하면서 한 부분을 확대하여 집필하기도 하였다.

실제로 다산이 56세 되던 해에 유배지인 강진에서 《경세유표》를 집필하였다. 《경세유표》는 《서경書經》과 《주례》의 이념을 표본으로 하되 당시 조선의 현실에 맞도록 기존 정치 제도의 모순에 대한 실증적인 사례를 담고, 이를 개혁할 필요성을 역설하였다. 다산은 《경세유표》를 통해 이吏·호戶·예禮·병兵·형刑·공工의 육전 체제六典體制로 정치·사회·경제 제도를 개혁하고 부국강병을 이루는 것에 목표를 두고 저술하였다.

여기에서 다산은 토지 제도의 개혁과 민생 안정뿐만 아니라, 기술 발달과 상공업 진흥을 통한 부국강병의 실현 문제도 논의하였다. 하지만 아쉽게도 육전 체제의 형刑과 공工에 해당하는 추관수제와 동관수제는 미완성인 상태로 남아있다.

다산은 이 중에서 각종 제도 개혁이 이루어지기 위해서는 관리들의 변화가 필요했는데, 이를 위해서 57세 되던 해에 다산 최고의 책인 《목민심서》를 집필하였다. 《목민심서》는 목민관들의 역할을 정리한 사례집이다. 다산은 《목민심서》를 집필하면서 형법 집행의 중요성을 절감해 이 부분만 따로 확대하여, 다산이 58세가 되던 해에 다시 《흠흠신서》를 집필하였다.

결국, 매년 다산은 국가 통치를 이상적으로 하기 위한 방법으로 국가적 차원에서 《경세유표》를 지었고, 실무자인 관리의 변화를 위해 《목민심서》를 지었고, 그중에서 법과 관련된 문제들만을 모아서 《흠흠신서》를 지었다.

다산은 요즘으로 치면 어떤 임무가 주어져도 완수해나가는 창의적 인재이다. 21세기 디지털 혁명 시대에 걸맞는 창의력 있는 인재를 키우려면 어떻게 해야 할까? 바로 다산과 같은 다양한 재능을 가진 인재를 양성해야 한다. 예전에는 한우물형 인간이 대접을 받는 때도 있지만 다산처럼 모든 분야에서 자신의 능력을 발휘할 수 있는 사람이 필요한 시기이다. 다산과 같은 인재가 한 명만 있어도 국가나 기업은 자신들이 얻고 싶은 목표를 얻을 수 있을 것이다.

　다산이 우리와 다른 것은, 우리는 배우는 것에 만족하지만 다산은 실천했기 때문에 가치가 있는 것이다. 이제 우리도 다산처럼 무엇인가를 배운다면 그것을 실천하였을 때 비로소 배움은 가치 있는 것이 되고 사람들에게 희망을 주는 것이 될 수 있다. 따라서 배움에는 뚜렷한 목표를 가지고 시작해야 하며, 배우면 꼭 써먹어야 한다는 생각으로 살아야 한다.

멀티 플레이어가 되라

다산은 여러 가지 면에서 시사하는 점이 많지만 그중에서도 한자漢字가 생긴 이래 가장 많은 책을 쓴 사람으로 평가받을 만큼 방대한 학문적 업적을 남겼다. 그는 생전 무려 530여 권에 달하는 저서를 남겨서 대단하지만 그 범위도 유교, 정치, 경제, 철학, 문학, 정치, 법률, 역사, 경제, 의학, 음악, 기계 설계, 지리 등으로 매우 다양하여 사람들에게 놀라움을 준다.

다산을 부르는 말도 과학자, 철학자, 행정학자, 의학자, 기술자로 이를 정도로 다채로운 면모를 갖춘 사람이다. 이 때문에 정약용이라는 인물 자체가 하나의 다산학茶山學이라는 '학문'이 되기도 한다. 이 때문에 후세에 다산을 공부하거나 흠모하는 사람들이 늘어가고 있다. 남들은 평생 한 가지도 제대로 못하지만 다산은 하고 싶은 것은 무엇이든 해냈다. 이처럼 한 사람이 여러 가지 지위와 역할을 수행할 수 있는 것을 멀티 플레이어라고 한다.

멀티 플레이어multiplayer는 multi여러 가지+player선수, 경기자, 연주자의 조합어로, IT 환경의 발전에 따라 만들어진 신조어이다. 원래는 인터넷 게임에서 다른 사람들과 접속해서 여러 사람과 함께 사냥을 하거나 게임을 진행하는 게임 방식을 말하기도 한다.

지난 한일월드컵대회에서 거스 히딩크 감독은 '멀티 플레이어'라는 개념을 한국 대표팀에 이식시켜 월드컵의 4강 신화를 달성하였다. 그의 성공 신화는 그동안 한우물만 파야 한다고 생각하는 우리의 전통적인 고정관념에 큰 충격과 변화를 주었다.

거스 히딩크 감독이 주장하는 멀티 플레이어의 의미는 한 선수가 한 가지 역할만을 수행하는 것이 아니라 한 선수가 여러 포지션의 역할을 거뜬히 소화함으로써 수비수가 공격수도 되어 감독의 전술에 다양한 옵션을 제공해 주는 선수를 일컫는 표현이었다.

이처럼 멀티 플레이어라는 용어는 처음에는 IT 관련 부문에서만 사용하던 것이 히딩크 감독이 사용하면서 유명해졌다. 이후 멀티 플레이어라는 용어는 스포츠 분야뿐만 아니라 점차 다른 분야에서도 광범위하게 사용되기 시작하였다.

벤자민 프랭클린은 원하는 것은 무엇이든지 자신의 노력에 의하여 이룰 수 있다고 생각한 사람이다. 남들은 한 가지 분야에서 성공하기도 힘들지만 벤자민 프랭클린은 평생을 살면서 인쇄공, 주간지 발행인, 의용병 대장, 시의원, 유명한 작가, 정치가, 애국자, 저명한 과학자로 미국 역사 발전에 지대한 공헌을 하였다. 그는 10세 때부터 학교를 그만두고 마땅한 정규 교육을 제대로 받지는 못했지만 멀티 플레이어로서 전문적인 지식을 습득하기 위하여 끊임없이 노력하였다. 그는 미국 건국 초기에 워싱턴 장군을 도와 미국 역사에 중요한 역할을 수행하였다. 그는 독립선언서를 만드는데 이바지하였으며, 대통령직 외에는 국가의 중요직을 골고루 맡았던 위대한 사람이었다.

벤자민 프랭클린은 다양한 경력을 바탕으로 매우 뛰어난 창의성을 발휘했다. 그의 놀라운 창의성은 피뢰침, 이중 촛점 안경, 스토브 이외에도 수많은 발명으로 이어졌다. 그는 항상 변화와 혁신을 꿈꿔 왔다. 영국의 식민지에서 미국의 독립을 이루기 위해 직접 의용병 대장이 되었으며, 독립선언서 작성에 참여하였다.

미국이 독립된 후에도 다양한 멀티 플레이어로서의 능력을 가지고 국가의 기틀을 혁신적으로 변화시키는데 앞장섰다. 오늘날 미국이 지금처럼 강대한 제국으로 자리를 잡는데 이 벤자민 프랭클린의 역할이 컸다는 것을 알 수 있다. 이처럼 벤자민 프랭클린은 제대로 교육의 혜택을 받지 못했으면서도 스스로의 학습을 통하여 자신의 인생을 멀티 플레이어로 변화시키고 미국의 역사를 변화시켰다.

우리나라에서는 이미 오래전부터 한 사람이 여러 가지의 직위나 직업을 가지고 있거나 다양한 역할을 수행할 때 멀티 플레이어라는 말 대신 '박학다식'이나 '만능'이라는 단어로 사용하고 있었다. '박학다식'이란 학식이 넓고 아는 게 많음 또는 학문이 넓고 식견이 많음을 의미한다. '만능'이란 온갖 일에 두루 능통함 또는 온갖 것을 다할 수 있음을 의미한다. 이처럼 박학다식이라는 말은 지적 영역에 사용되고 있는 반면 만능은 행동적인 영역에 사용되고 있다. 그런데 이러한 전통적인 용어들인 '박학다식', '만능' 등의 표현이 한일월드컵대회 이후 멀티 플레이어라는 용어로 통일되어 가고 있다.

다산은 멀티 플레이어로서 다양한 지위와 역할을 가지고 있었으며, 자신만의 전문적인 분야에서 해박한 지식을 가지고 있으면서도 다른 분야에서도 두루 능통하여 온갖 것을 다할 수 있는 사람이었다.

앞으로 살아갈 세상은 폭넓은 지식을 지닌 인재를 요구한다. 새로운 문화와 첨단 과학 기술은 여러 학문 분야 및 예술이 만나는 곳에서 탄생한다. 학문의 융합이란 여러 학문이 만나서 새로운 주제가 탄생하는 과정을 의미한다. 학문의 구분은 어느 정도 필요하지만 지금처럼 담이 높으면 소통이 불가능하다. 먼저 고등학교에서의 문·이과 구분을 폐지해야 한다. 모든 학생들이 수학, 과학을 깊이 공부하라는 것이 아니다. 문제는 고등학교부터 학생이 선택한 분야를 문과나 이과 어느 한 쪽으로 몰아넣고 관심과 공부의 폭을 좁히는 데 있다.

'문文'은 문화, 전통을 의미하고 정신, 가치, 사회 등 인간 세계의 것들을 주된 대상으로 하는데 반해 '이理'는 하늘, 땅, 만물을 포함한 자연 세계의 근본 원리나 원칙을 말한다고 볼 수 있다. 동서양의 역사에서 문과 이과가 뚜렷한 구분이 있는 것은 아니다. 서양 중세의 학문이 지나치게 논리적, 과학적 성격을 지니게 되면서 그러한 편향에 대한 반동이 인간의 가치, 인간의 문제에 대한 관심을 추구하는 르네상스 인문주의를 낳았고 이것이 오늘날 인문학의 기원이 되었다.

그러나 오늘날 문과 이과의 구분은 의미를 잃어가고 있다. 경영학을 하기 위해서는 전산학과 공학을 알아야 하고, 경제학은 그 이론 모형을 수학과 물리학에서 가져온다. 공학은 경영학 지식과 빼어난 예술 감각, 디자인을 필요로 한다. 심리학은 인문학과 자연과학의 경계를 넘나든다.

이제 한우물형 인재가 중요한 게 아니라 다산과 같이 다재다능한 능력을 가진 멀티 인재가 필요한 때이다. 그러나 사회는 다재다능한 다산을 유배보내야 했듯이 현재에도 다재다능한 사람에 대해서는 시선이 곱지가 않다. 그래서 다재다능한 사람들에 대한 사회적 배려와 적재적소에 활용하는 안목이 필요하다 하겠다.

미래를 읽어라

앞으로 다가올 미래 사회를 한마디로 규정하기에는 너무나도 불확실하다. 국제화, 지방화, 정보화, 개성화 등 무수한 변화들이 한꺼번에 몰아닥치고 있다. 과학기술의 변화 속도는 눈부실 정도이고, 매일 자고 일어나면 새로운 기술이 개발되어 있고 새로운 물건이 만들어지고 있다. 미래 사회는 정해진 역사를 걷는 것이 아니라 우리의 실천에 의해 만들어지고 변화되기 때문이다.

그러나 이러한 변화 중에서도 정보화의 물결은 모든 변화를 주도하는 큰 흐름으로 부각되고 있다. 바야흐로 우리 사회를 비롯한 세계는 정보 사회로 진입하고 있는 것이다. 지난 10년 동안의 컴퓨터와 그 주변기기, 통신 기술의 발달을 한 번 생각해 보면 1년 전에는 생각하지도 못했던 높은 성능의 제품과 서비스가 시장에 속속 등장한다. 많은 제품들이 몇 개월만 지나면 이미 구식이 되어 버리고 있다. 컴퓨터는 구입하고 돌아서면 더 높은 성능의 제품이 더 싼 가격에 버젓이 시중에 돌아다닌다. 이러한 시대에 살고 있는 우리는 미래를 예측하고 거기에 준비하지 못하면 미래 사회에 생존이 어려워 지고 있다.

미래학자 앨빈 토플러는 그의 저서 《제3의 물결》에서 인류가 정보화 사회로 갈 것을 예측한 하였으며, '제4의 물결'에서는 미래에 대한 전망으로 10가지를 예측하고 있다. 그중에서 중요한 것만 보면 "디지털 기호로 구성된 지식과 정보가 자본을 대체하며, 교육받은 중산층이 국가를 이끌며, 기술 없는 인력의 대규모 실업이 발생할 수 있다."라고 하였다.

또 일부에서는 미래사회에서는 국경의 의미가 사라짐에 따라 다른 민족과의 교류 기회가 증가할 뿐만 아니라, 다양한 가치와 신념들이 존중되는 다원주의적 경향의 가속화로 인하여 비판적, 창의적인 사고, 개방적인 사고 자세가 필요한 사회가 온다고 하였다. 심지어는 디지털과 초고속화는 시간과 공간의 제약뿐 아니라 언어의 제약까지도 넘어설 수 있게 된다는 것이다.

굳이 미래 학자들의 미래에 대한 전망을 구하지 않아도 앞으로 전개될 미래는 국가 간의 국경이 사라져 치열한 생존 경쟁으로 치닫게 될 것이다. 지금도 국가 간의 보이지 않는 새로운 전쟁이 계속되고 있기 때문이다. 이에 따라 기업들은 지금보다 적은 비용으로 많은 생산을 고려하지 않으면 안 될 것이다. 치열한 생존 경쟁에서 살아남기 위해서 미래의 경영 환경은 경영자와 직장인들을 멀티 플레이어가 되도록 유도할 것이다.

또한, 사회가 발전할수록 상품의 빠른 변화를 지켜본 소비자의 욕구는 더욱 다양해져 자기만의 개성 있는 문화를 즐기려는 사람이 늘고 있다. 따라서 소비자의 욕구와 필요를 정확히 예측하여 이를 충족시키는 과정은 기업 성공에 중요한 열쇠가 되고 있다. 시장 규모가 작고 제품 종류가 많지 않았던 옛날에는 회사가 하루하루 판매 경험을 통해 소비자들의 행동을 파악할 수 있었다. 하지만 요즘에는 시장이 복잡하게 세분화되어 있고 소비자들의 취향과 욕구가 다양하기 때문에 단순한 마케팅 전략으로는 소비자를 이해할 수 없게 된 것이다. 따라서 기업은 다양한 고객의 욕구를 정확히 파악하기 위하여 소비자와 같이 다양한 욕구를 가지고 다양한 지식과 경험을 가진 사람을 필요로 할 수밖에는 없기 때문이다. 결국, 이러한 다양한 욕구를 충족시킬 수 있는 사람도 다재다능한 사람과 창의성을 가진 멀티 플레이어가 아니면 어려운 것이라는 것을 쉽게 예측할 수 있다.

여기서 말하는 멀티 플레이어는 모든 분야에 수박 겉핥기식으로 해박한 지식을 이야기하는 것이 아니라 한 가지 부분에서는 전문 지식을 갖고 나머지는 해박한 지식을 갖는 것을 의미한다. 멀티 플레이어는 복잡한 조직의 계선을 통하지 않고 혼자 게릴라처럼 일할 수 있으며, 혹독한 환경에서도 살아남을 수 있는 능력을 가지고 있다. 또한, 멀티 플레이어는 다양한 지식과 경험을 가지고 있기 때문에 사회의 변화에 따라 카멜레온처럼 변신의 귀재이기도 하다.

멀티 플레이어가 되지 못하는 개인, 조직, 국가는 경쟁에서 뒤지기 때문에 생존 자체가 힘겨워질 것이다. 더욱이 신자유주의 파도는 멀티 플레이어에 적응하지 못한 개인과 기업, 국가를 더욱 위험한 환경으로 빠뜨릴 것이다. 그러나 반대로 멀티 플레이어가 된 개인이나, 멀티 플레이어를 양성하거나 고용한 기업이나 국가는 미래 사회를 주도할 것이다.

신자유주의

과도한 국가 개입과 복지 정책으로 인해 1970년대 서구 사회에 경제 침체와 사회 활력 저하 현상이 나타나게 되는데, 이를 국가 개입 축소와 시장경제 강화를 통해 해결해야 한다는 주장과 이를 반영한 경제 정책을 총칭해 신자유주의라고 하고 있다.

다산 연대기

연령	연대	경력	국내외 정세
1	1762(영조 38)	음력 6월 16일 경기도 광주군(지금의 남양주시 조안면 능내리)에서 4남 1녀 가운데 4남으로 출생	사도세자 사망
2	1763(영조 39)	완두창을 앓음	
4	1765(영조 41)	천자문을 배우기 시작	
6	1767(영조 43)	아버지가 연천(連川) 현감으로 부임 아버지의 교육을 직접 받음	
7	1768(영조 44)	오언시를 짓기 시작	
9	1770(영조 46)	어머니 43세로 운명	
15	1776(영조 52)	결혼	영조 서거, 정조 즉위, 미국 독립선언
16	1777(정조 1)	성호 이익의 유고를 읽고 가르침을 따름 가을에 부친이 전라도 화순현감으로 이사 청주, 전주 등을 유람하면서 시를 지음	
18	1779(정조 3)	성균관에서 매달 유생들에게 보이는 시험인 승보시에 합격	
19	1780(정조 4)	경상도 예천 현감으로 있는 아버지를 찾아 뵙고 반학정기를 지음. 진주 촉석루를 유람하며 《진주의기사기》를 지음	
21	1782(정조 6)	서울(창동)에 처음으로 집을 사서 삶	
22	1783(정조 7)	둘째 형 약전과 함께 경의 초시(初試)에 합격 회시에서 합격하여 진사가 됨(정조와 처음으로 상면). 성균관에 들어감. 장남 학연(學淵) 태어남. 《유수종사기》	이승훈이 서교(西敎)관련 책을 가지고 귀국
24	1785(정조 9)	정시(庭試)초시에 수석으로 합격 《우인이덕조만사》, 《추일서희》	
25	1786(정조 10)	별시(別試) 초시에 합격, 둘째아들 학유(學游)가 태어남. 《감흥이수》	
26	1787(정조 11)	《추일문암산장잡시》	

연령	연대	경 력	국내외 정세
27	1788(정조 12)	《원진사칠수증내》	남인이 공서파와 신서파로 분리
28	1789(정조 13)	반시에서 수석, 전시에서 수석으로 급제함. 당하문관중 문학이 뛰어난 자를 뽑아 쓰는 초계문신(抄啓文臣)이 됨 → 부사정(副司正) → 가주서(假注書)가 됨. 12월에 셋째 아들 구장(懼牂)이 태어남. 《희정당 대학강의》, 《문제책》, 《차장호원》, 《송진택신공광하유백두산서》	프랑스 대혁명
29	1790(정조 14)	예문관(藝文館) 검열(檢閱)이 됨. 한림피선(翰林被選) 과정 문제로 해미현(海美縣 : 충남 서산군)으로 정배, 사간원 정언(正言), 사헌부 지평(持平)을 제수받음. 《해미남상국사당기》, 《단양산수기》	
30	1791(정조 15)	3남 사망 사간원(司諫院) 정언(正言) → 사헌부(司憲府) 지평(持平) 사학도(邪學徒)라 하여 반대파들로부터 규탄 받음 《시경강의》, 《재유촉석루기》, 《유세검정기》, 《북영벌사기》, 《억여행》	진산사건 (신해사옥)
31	1792(정조 16)	홍문관 수찬(弘文館修撰)에 제수, 부친 사망, 광주에서 여막 생활, 수원 화성을 설계, 기중기와 녹로 고안. 《성설》, 《기중도설》	
33	1794(정조 18)	아버지 3년상 마침. 성균관 직강(直講)에 제수 → 비변사랑(備邊司郞)에 임명 → 홍문관 수찬에 제수 → 경기 암행어사 제수 → 홍문관 부교리에 제수. 《7월 7일야》, 《명봉편》, 《영수석절구》, 《박학》, 《봉지염찰도적성촌사작》	
34	1795(정조 19)	사간원 사간, 동부승지(同副承旨), 병조참의(兵曹參議), 우부승지(右副承旨)에 제수 → 주문모 입국 사건으로 충청도 금정(金井-洪州) 찰방(察訪)으로 좌천, 용양위(龍驤衛) 부사로 옮김 《봉곡사술지시서》, 《서암강학기》, 《조룡대기》, 《유오서산기》, 《도산사숙록》, 《기민시》, 《탄빈》, 《취가행》	

연령	연대	경 력	국내외 정세
35	1796(정조 20)	병조참의, 우부승지를 거쳐 좌부승지가 됨, 수원성 준공. 《양강우어자》, 《신승지광하만사》	
36	1797(정조 21)	승정원 동부승지가 되었으나 사직상소를 올림 황해도 곡산부사(谷山府使)에 제수 《마과회통》, 《변방사동부승지소》	
37	1798(정조 22)	《사기찬주》	
38	1799(정조 23)	황주영위사(黃州迎慰使), 형조참의에 제수 → 넷째 아들 농장(農牂)이 태어남. 《확연폭포가》, 《입갈현동》, 《영남인물고서》	
39	1800(정조 24)	고향에서 저작에 주력, 여유당(與猶堂)이라고 함 《여유당기》, 《만출강고》, 《강변도중작》	정조 사망
40	1801(순조 1)	책롱(册籠) 사건으로 체포되어 하옥됨. 셋째 형 약종 사형, 둘째 형 손암 약전은 신지도로 유배되고, 약용은 경상도 장기로 유배 황사영(黃嗣永) 백서사건으로 다시 투옥, 11월에 둘째 형 약전은 흑산도로, 약용은 강진으로 이배, 마재 본가가 가택수색을 당하고 초고들이 산실됨 《이아술》, 《기해방례변》, 《백언시》	서교를 금하는 법령 선포 신유사옥으로 권철신, 이승훈 등이 처형됨
41	1802(순조 2)	큰아들 학연이 와서 근친함. 넷째 아들 농장 사망	
42	1803(순조 3)	《단궁잠오》, 《조전고》, 《애절양》, 《사의재기》, 《예전상의광》	
43	1804(순조 4)	《아학편훈의》	
44	1805(순조 5)	《정체전중변》	
45	1806(순조 6)		
46	1807(순조 7)	《예전상구정》, 《상례사전》 50권 완성	
47	1808(순조 8)	《제례고정》, 《주역심전》, 《주역서언》	
48	1809(순조 9)	《예전상복상》	

연령	연대	경 력	국내외 정세
49	1810(순조 10)	《시경강의보》, 《상서고훈》, 《매씨서평》, 《가례작의》, 《소학주관》	
50	1811(순조 11)	《아방강역고》, 《예전상기별》	홍경래의 난
51	1812(순조 12)	《민보의》, 《춘추고징》	
52	1813(순조 13)	《논어고금주》	
53	1814(순조 14)	《맹자요의》, 《대학공의》, 《중용자잠/중용강의보》, 《대동수경》	
54	1815(순조 15)	《심경밀험/소학지언》	
55	1816(순조 16)	형 약전이 유형지(흑산도)에서 작고. 《악서고존》	
56	1817(순조 17)	《경세유포》 (미완성)	
57	1818(순조 18)	《목민심서》, 《국조전예고》 이태순의 상소로 유배에서 석방됨. 강진을 떠나 고향 마재 본가에 돌아옴	
58	1819(순조 19)	《흠흠신서》, 《아언각비》	
59	1820(순조 20)		
60	1821(순조 21)	맏형 약현 작고. 《사대고례산보》	
61	1822(순조 22)	《자찬 묘지명》	
62	1823(순조 23)	《산행일기》	
69	1830(순조 30)		
73	1834(순조 34)	《상서고훈》, 《지원록》, 《매씨서평》 개정	
75	1836(헌종 2)	본가에서 병으로 서거. 여유당 뒷동산에 안장	

- 사는 게 힘들다고 말하지 마라. 나는 글을 하도 많이 써서 복숭아뼈가 세 번이나 보였지만 멈추지 않고 서서 글을 썼다.

- 사는 게 힘들다고 말하지 마라. 나는 정조대왕의 총애를 받던 조선 최고의 관리에서, 죽음이 엄습해 오는 귀양생활을 18년이나 했다.

- 절망이 있다고 말하지 마라. 나의 셋째 형은 사형을 당했고 둘째 형은 흑산도로 귀양 가서 죽었지만 나는 꿈을 이루기 위해 노력했다.

- 되는 일이 없다고 말하지 마라. 나는 많은 지식을 가졌지만 현실적으로 인정해 주는 사람이 없어서 글로만 표현해야 했다.

- 할 수 없다고 말하지 말라. 나는 백성들의 억울함을 해결해 주기 위하여 공부를 하여 법의학서인 《흠흠신서》를 지었다.

- 배운 게 없다고 말하지 마라. 나는 귀양지에서 수도 없이 책을 읽으며 공부를 하였고, 530권의 책을 썼다.

- 자식이 속을 썩인다고 말하지 마라. 나는 귀양지에서 두 아들이 공부를 하지 않고 망가진다는 소식을 들어 매일 편지를 썼고, 강진으로 데려와 친히 지도하여 올바른 사람으로 키웠다.

- 불행하다고 말하지 마라. 나의 꿈은 컸지만 세상은 나의 꿈을 번번이 받아들여 주지 않았다. 하지만 나는 책으로 꿈을 실현하였다.

| 참고 문헌 |

강정규(2009). 유배지에서 보낸 정약용 편지. 영림카디널

금장태(2005). 다산 정약용 유학과 서학의 창조적 종합자. 살림

김상홍(1985). 다산의 정약용 문학연구. 단국대학교 출판부

김지용(1995). 정약용론. 형설출판사

박석무(2006). 풀어쓰는 다산이야기. 문학수첩

박석무(2003). 다산 정약용 유배지에서 만나다. 한길사

박석무(2011). 다산 정약용 일일 수행 1. 생각의 나무

박석무(2011). 다산 정약용 일일 수행 2. 생각의 나무

방호범(2004). 유학과 정약용의 철학사상. 한국학술정보

우승미(2007). 실학의 꽃 정약용. 이룸

이덕일(2004). 정역용과 그의 형제들. 김영사

이익성(1997). 경세유표 1. 한길사

이인철(2006). 리더십의 고전 목민심서. 고려원북스

임재윤(1999). 정약용의 교육개혁 사상. 전남대학교 출판부

정민(2006), 다산선생 지식경영법 : 전방위적 지식인 정약용의 치학 전략. 김영사

홍덕기(2001). 다산 정약용의 토지개혁사상. 전남대학교출판부

홍이섭(1959). 정약용의 정치경제사상연구 제5장〈비판정신〉. 한국연구도서관

다산 연구소 http://www.edasan.org/index.html

다산에게 인생을 배우다

초판 1쇄 인쇄	2012년 5월 3일
초판 1쇄 발행	2012년 5월 9일
지은이	전도근
펴낸곳	BOOK STAR
펴낸이	박정태
출판등록	2006. 9. 8. 제 313-2006-00198 호
주소	경기도 파주시 문발동 파주출판문화도시 500-8
	광문각 B/D 4F
전화(代)	031)955-8787
팩스	031)955-3730
E-mail	Kwangmk@unitel.co.kr
	ⓒ 2012, 전도근
ISBN	978-89-97383-02-3 03040
정가	12,000원